本书由集美大学学科建设经费
集美大学出版基金资助出版

自主学习视域下
教师信念比较研究

——基于高中和大学英语教师的调查

陈春梅◎著

Wuhan University Press
武汉大学出版社

图书在版编目（CIP）数据

自主学习视域下教师信念比较研究：基于高中和大学英语教师的调查/陈春梅著.—武汉：武汉大学出版社，2022.11

ISBN 978-7-307-23339-3

Ⅰ.自… Ⅱ.陈… Ⅲ.①英语－师资队伍建设－研究－高中 ②英语－师资队伍建设－研究－高等学校 Ⅳ.①G635.12 ②G645.2

中国版本图书馆CIP数据核字（2022）第185758号

责任编辑：周媛媛 责任校对：牟 丹 版式设计：中北传媒

出版发行：**武汉大学出版社** （430072 武昌 珞珈山）

（电子邮箱：cbs22@whu.edu.cn 网址：www.wdp.com.cn）

印刷：三河市京兰印务有限公司

开本：710×1000 1/16 印张：15.5 字数：213千字

版次：2022年11月第1版 2023年11月第1次印刷

ISBN 978-7-307-23339-3 定价：75.00元

前　言

　　教师是自主学习教学改革的重要支持者和参与者。教师信念是教师关于教与学的本质认识。不少学者通过对教师信念的研究来了解教师教学行为背后的思想。由于教师信念具有内隐性，本书立足自主学习视域，尝试引导某"双一流"大学和某外国语高中的英语教师对有关教与学的隐喻句进行描述和评论，主要从教师对教学、教师角色、学生、学生学习、自主学习教学的促进和阻碍因素这五个维度，探讨高中和大学这两阶段的英语教师信念并进行对比分析。本书主要运用了文献法、案例法、访谈法和问卷调查法。研究发现，高中和大学这两阶段教师都认为在自主学习中学生应为自己的学习负更多的责任，且应是教师指导下的"有限的自主"。自主学习并不否认教师的作用以及合作学习。相比而言，高中在高考的指挥棒下，教师"放权"有限，大多数教师更希望学生能够积极主动地配合教师完成教学任务；学生学习的目标较为单一，对教师的依赖性较强。而在大学阶段，学生有了更多可以自由支配的时间，英语学习目标更为多元。教师更多的是给予学生方向上的指导，对学生的情感关注较少。本书一方面可以充实有关教师信念以及教育教学的理论研究，另一方面书中得出的结论和建议可以为教育工作者提供参照，并带来一定的启示，有利于促进学生从高中到大学英语衔接学习的适应。本书的创新之处在于从自主学习的视角出发，运用隐喻的方法对高中和大学两阶段英语教师的教师信念进行探究。当然，本书也存在一定的局限性，希望后续研究可以再加以完善。

陈春梅

2021 年 11 月 15 日

目　录

第一章　英语教学与教师信念

普拉特（Pratt）曾说过：如果人们要理解和影响教学，他们必须由表及里地考虑行为背后的意图与信念。[①] 对教师信念的研究，有助于教师进一步理解他们的教学行为，并促进教学改革的开展。

当前，国际化、信息化进程加快，知识更新的速度也不断加快，学生应掌握哪些知识和技能才能适应社会发展的需求已成为新时代的一个挑战。在这样的大环境下，不管是高中还是大学的英语教学，都对学生的自主学习能力提出了更高的要求和期待。高中和大学这两个阶段（以下简称两阶段）英语教师对学生自主学习的看法与教学改革的方向是否一致直接关系到教学改革的开展。

教师如何看待学生的自主学习会对他们的教学实践产生重要的影响。如何更好地促进两阶段教师的沟通与交流，促进学生从高中到大学英语学习的衔接甚至是更为长远的人生发展，具有重要的研究意义和实际价值。

---

① PRATT D D. Five perspectives on teaching in adult and higher education [M] . Floroda: Krieger Publishing company, 1998 : 11.

第一节　英语教学改革带来的挑战

随着时代的发展，社会对人才培养的质量、规格提出了更高的要求。传统的英语教学已难以满足当前社会对人才培养的期待及学生的成长需求，改革势在必行。

一、英语教学改革的趋势

早在 1994 年科尔诺（Corno）就指出，随着知识的增长以及新知识的不断更新，已经没有哪个教育机构能够提供给学生在毕业后五年所需的知识了。[①] 在高度国际化的今天，英语学习的重要性日益凸显。素质教育、构建终身学习型社会是这个时代的呼唤，教育要能够培养学生的英语自主学习能力，使学生获得在课后甚至在走出学校后仍可以不断充实自己的能力。

高中阶段，学生的英语学习面临着高考的压力，具有一定的应试倾向。在素质教育的思想指导下，我国对高中的英语教学进行了一系列的改革，对学生的自主学习能力有了明确的要求。在《普通高中英语课程标准》（2017 年版，2020 年修订）中就指出：普通高中英语课程作为一门学习及运用英语语言的课程，与义务教育阶段的课程相衔接，旨在为学生继续学习英语和终身发展打下良好基础，培养学生自主学习、合作学习和探究式学习的能力……[②] 近几年来，高考英语改革的呼声也不绝于耳。截至 2013 年，一些省份陆陆

---

① CORNO L. Implicit teachings and self-regulated learning［C］. New Orleans：The Annual Meeting of the American Educational Research Association, 1994：4-8.

② 普通高中英语课程标准［EB/OL］.（2021-6-9）［2021-10-17］. http://www.cjedu.cn/newsInfo. aspx?pkId=51879.

续续提出了高考英语改革的方案。2014 年,《教育部 2014 年工作要点》明确指出:探索全国统考减少科目、不分文理科、外语等科目社会化考试一年多考。[①]2021 年,教育部考试中心命题专家指出,高考英语试题应加强阅读理解和书面表达等关键能力的考查,引导学生夯实全面发展的基础,[②]助力高考英语改革顺利实施。

英语的教学改革不仅高中阶段注重,大学也在积极地开展这方面的工作。不少学生从高中到大学后,不能适应大学的学习生活,也不懂如何自主地利用业余时间。培养大学生的英语自主学习能力对学生的学习及其今后的人生规划显得尤为重要。

二、教师教学面临的困境

教师是教学改革的重要参与者和支持者,在对国内已有的相关研究进行梳理的过程中,笔者发现两阶段都在尝试着进行自主学习教学改革,由于一些主客观原因,使两阶段教师在改革过程中遇到了一定的困难。

在高中阶段,学校对高考分数的过于看重,使学生各科学习任务繁重,自主学习能否取得预期的效果值得商榷。王晓欢在调查中发现,认为"对教学负全部责任"和"对教学负主要责任"的教师占绝大多数,如果教学中教师完全担负种种责任,那么学生的学习自主权就会大打折扣,甚至无自主可言。[③]

一方面,当前许多教师在升学率的压力下不敢"放权",学生学习的自

---

① 教育部关于印发《教育部 2014 年工作要点》的通知［EB/OL］.（2014-1-23）［2021-10-17］. http://www.moe.gov.cn/publicfiles/business/htmlfiles/moe/s7049/201402/xxgk_163889.html.

② 教育部.考查关键能力 引导全面发展——教育部考试中心命题专家评析 2021 年高考英语试题［EB/OL］.（2021-6-9）［2021-10-17］. http://www.moe.gov.cn/jyb_xwfb/s5147/202106/t20210609_536837.html.

③ 王晓欢.教师视角下的中学生英语自主学习责任［J］.考试周刊,2011（34）:139.

主性受限。另一方面，即使有的教师愿意"放权"，但也存在一些问题，如目标导向不强、课堂调控不当、面向全体不够、教法优化不足、学法指导不力等。①

虽然大多数大学教师也致力于自主学习的探索并取得了一定的成果，但他们在进行理论和实证研究的过程中也发现了开展自主学习存在的一些问题。韩凌在对大学教师自主学习认识现状进行调查时发现，虽然大部分教师认为自主学习能力对学生的成长和发展至关重要，但不少教师对自主学习的内涵、过程、操作手段了解不深，有的尚不能对自主学习作出正确的评价。② 此外，对多媒体技术的使用也存在一些问题，如大学教师对新的网络教学模式的作用认识不到位；对新方法、新技术、新设备了解不够，适应性不强。③

总之，高中和大学英语教师都注重学生自主学习能力的培养，但他们在具体开展教学改革的过程中会面临一些问题。教师对学生自主学习的认识及其开展自主学习的能力是影响自主学习教学改革效果的重要因素。教师如何不断完善自身使其能够更好地参与和支持英语自主学习教学改革，将是他们面临的一个重要挑战。

三、学生衔接学习的不适应

学生在高中阶段的学习时间相对紧张，他们的大部分学习时间是在课堂中度过的，对教师的依赖性较大。到了大学，学生学习的压力主要来自四、六级考试或未来的发展等，其学习的方式、内容以及学习的目的都发生了较

---

① 祁玉萍. 高中英语教学中学生自主学习能力培养策略［J］. 中学生英语（高中版），2011（31）：32-35.

② 韩凌. 对大学教师自主学习认识现状的调查分析和对策思考［J］. 读与写杂志，2008，5（7）：103-104.

③ 钱明智. 自主学习模式下大学英语课堂教学的构建［J］. 教育探索，2008（6）：53-54.

大的变化，这就要求学生应具备较强的自主学习能力；然而，大学生每周英语学习的次数有限，且只在前两年有公共的英语课，后期英语知识的学习得靠学生自学完成。此外，大学生课余时间相对充足，脱离了高中阶段教师的殷勤关注，不少学生难以适应大学的学习生活。汪小亚等人通过调查研究发现，学生英语学习的方向普遍不够明确，大多数学生不能够较好地安排学习的内容和时间；相当大一部分学生无法有效地使用和监控学习策略；学生在营造社会环境条件、选择榜样、寻求帮助等方面显得十分薄弱；学生在对自身学习过程的监控、学习结果的评价等方面的能力也有所欠缺。[①] 教师如何帮助这些学生在学习上衔接、适应社会发展的需求等方面就显得尤为重要。

在现今英语教学改革的环境下，对学生的自主学习能力提出了更高的要求。学生在学校的学习离不开教师的指导，两阶段教学改革的开展也离不开教师的参与和支持。在教学实践中，两阶段的教师都遇到了不少问题。大学英语教师认为学生的自主学习能力亟须提高，而高中英语教师则心有余而力不足。只有深入了解两阶段教师对学生自主学习的看法，促进他们的沟通和协调，才能采取有效的教学方式，进而促进学生更好地适应不同阶段的学习。

第二节　目的思路与研究设计

自主学习教学改革是我国日前高中和大学英语教学的关注点。不少学者分别对两阶段进行了研究，但是将两者同时进行研究的很少，通过隐喻对两阶段教师信念进行同步研究的则更少。为此，本书希望在这方面做些努力与尝试。

---

① 汪小亚，赵洋.大学英语自主学习现状的调查与分析［J］.浙江树人大学学报，2006，6（4）:64-67.

一、研究目的与研究问题

宾特里奇（Pintrich）以及齐默曼（Zimmerman）等研究者认为，良好的自主学习会产生良好的学习结果。[①] 此外，穆斯（Moos）和林达尔（Ringdal）梳理了各阶段教师如何支持学生自主学习的文献研究，并在理论层面、方法层面及实践层面提供了相应的启示。[②] 教师信念会对他们的教学实践产生影响，进而对学生衔接学习的适应性产生影响。

（一）研究目的

"信念"通常是不甚明确的，人们只能从一个人的言行中来推断。[③] 因而，国外不少学者尝试着借助隐喻来研究教师的信念。在我国，虽然从 20 世纪 80 年代以来，随着人们对教师专业发展的关注增加，不少学者把研究的视角转向了教师信念方面的研究，但关于英语教师信念的研究不多。相关研究大部分集中于大学的英语教学，高中涉及的不多。此外，虽然我国外语界对隐喻在教学中的应用有一定的研究，但较少有将隐喻作为一种方法对教师信念进行研究的。自主学习教学改革是国内外教育改革的重点，本书希望通过该研究能够对自主学习视域下两阶段英语教师信念有所了解，以便为两阶段教师开展自主学习教学改革提供参考。本书的目的主要有以下五个方面：

---

① PINTRICH P R. Multiple goals, multiple pathways: The role of goal orientation in learning and achievement［J］.Journal of Educational Psychology, 2000, 92：544-555. Zimmerman B J.Self-efficacy: an essential motive to learn［J］. Contemporary Educational Psychology, 2000, 25：82-91.

② MOOS D C, Ringdal A.Self-Regulated Learning in the Classroom: A Literature Review on the Teacher's Role［J］. Education Research International, 2012: 1-15.

③ PAJARES M F. Teachers' beliefs and educational research: cleaning up a messy construct［J］. Review of Educational Research, 1992, 62:307-332.

1. 了解目前我国高中和大学英语自主学习教学改革的现状；

2. 探究两阶段英语教师在教学改革实践中的学生自主学习信念；

3. 比较两阶段英语教师对学生自主学习信念的异同；

4. 在对搜集的数据和相关资料进行梳理与分析的基础上，进一步探索哪些因素促进或阻碍了两阶段英语教师的自主学习教学实践；

5. 依据研究结论提出具体的建议，促进两阶段英语教师关于教与学的自我反思，加强他们之间的交流，并为他们支持和参与自主学习教学改革提供参照，从而促进学生从高中到大学英语学习的适应。

（二）研究问题

本研究旨在了解自主学习视域下高中和大学的英语教师信念，进而探讨两阶段英语自主学习教学实践的促进和阻碍因素，并提供相关建议。具体而言，本研究拟解决以下三个方面的问题：

1. 高中和大学英语教师怎样看待学生的自主学习；

2. 哪些因素促进或阻碍了教师的自主学习教学实践；

3. 高中和大学英语教师如何促进学生的自主学习。

二、研究思路

在我国，已往的英语学习重读写而轻会话，不少学生在学习多年的英语后仍然存在英语实际会话交流与应用困难的问题。因此，国内的许多大学和高中都开展了英语自主学习教学改革，重视培养学生的听说能力，在这个过程中，两阶段的师生都面临着一些挑战。本书参照荷兰针对学生从高中到大学学习不适应而进行的两阶段教师自主学习视角的实证研究，尝试借助隐喻的方法探究自主学习视域下两阶段的教师信念，以期能够促进教师的教学，有利于学生从高中到大学英语学习的衔接。

本书分别对高中和大学的学生进行问卷调查，初步了解两阶段自主学习教学改革的现状。此外，本书中隐喻分析方法的使用主要借鉴了塞班（Saban）等人提出的具体步骤：一是隐喻启发任务的设计。在开展研究之前设计开放式问卷，如"你认为教育应是（像）什么？当前教育是（像）什么？为什么？""你认为教学应是（像）什么？当前教学是（像）什么？为什么？"等进行隐喻表述，并解释说明这样表述的原因。与此同时，鼓励教师通过创作隐喻图表达他们对教师信念相关要素的解读，如引导教师创作关于教学的隐喻图。二是帮助被调查教师做准备工作。对于多数一线教师而言，他们对隐喻并不熟悉。所以，在进行具体的调研之前，需要跟他们做详细的说明，帮助他们了解隐喻的内涵、功能及其意义，并引导他们如何有效地参与调研。三是实施隐喻启发任务。实施调研，收集一手资料。四是识别并整理出被调查者关于研究话题的隐喻语言表达（Metaphorical Linguistic Expression，简称 MLE）。五是从 MLE 推理出概念隐喻，即对收集到的 MLE 资料进行归纳、分析。六是揭示概念隐喻背后的教师信念。[①] 由此获取教师信念的关键信息，结合定性和定量研究可以较为全面、系统地了解两阶段自主学习视域下教师信念，为两阶段教师和相关部门提供参照。本书主要由六个章节构成，其基本思路如下：

第一章是介绍英语教学与教师信念，本章主要介绍英语教学面临的挑战与改革趋势、目的思路、相关概念界定以及研究的意义。

第二章是自主学习与教师信念的理论阐释，本章主要梳理目前国内外有关自主学习、教师信念及教师隐喻的研究现状，以期为本研究的开展提供理

---

① SABAN A, KOCBEKER B N. An investigation of the concept of teacher among prospective teachers through metaphor analysis [J] . Educational Sciences Theory & Practice, 2006, 6（2）: 461-522.

论和方法论的支持。

　　第三章是自主学习视域下对高中英语教师信念开展的调查，对某外国语学校（高中）的 10 名英语教师逐一进行深度访谈，引导教师对相关隐喻句进行描述、评论并创作教学隐喻图。该章重点呈现自主学习视域下，通过隐喻进行访谈的高中教师如何看待教学、自身角色、学生以及学生学习、自主学习教学开展的促进和阻碍因素等事实资料。

　　第四章是自主学习视域下对大学英语教师信念开展的调查，本章主要对某大学外文学院的 10 名公共课英语教师逐一进行深度访谈，引导教师对相关隐喻句进行描述、评论并创作教学隐喻图。在该章中将重点呈现自主学习视域下，通过隐喻进行访谈的大学教师如何看待教学、自身角色、学生以及学生学习、自主学习教学开展的促进和阻碍因素等事实资料。

　　第五章是在自主学习视域下对两阶段的教师信念的异同进行比较分析。本章依据分析得出的研究结论，结合两阶段教师面临的困境，为教师的英语教学实践提出具体建议，以期帮助两阶段教师的相互理解和支持，进而促进教学改革的开展。

　　第六章是研究结论、建议与展望，并对本书的创新点和不足之处进行说明。（见图 1-1）

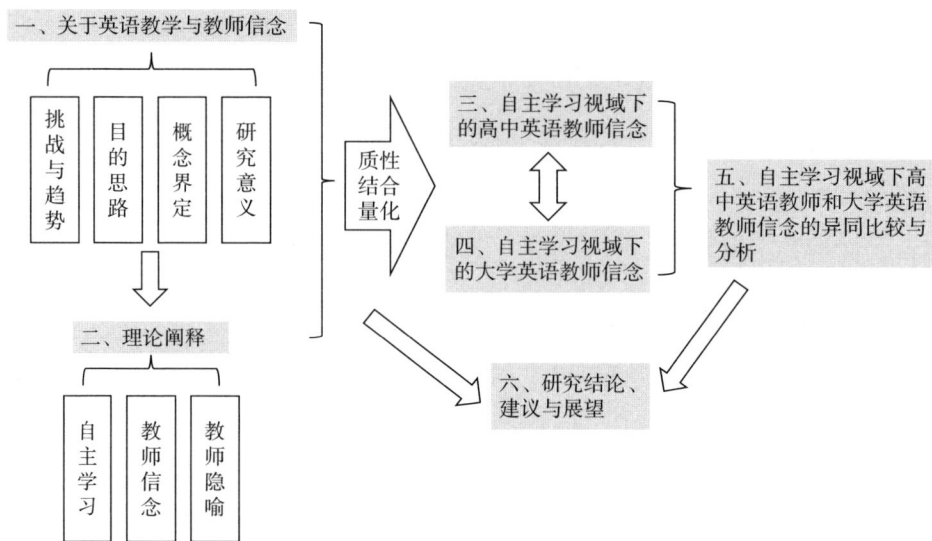

图 1-1　自主学习视域下两阶段英语教师信念整体研究思路和结构关系图

三、研究方法

为了有序推进研究的进展，本书主要运用了以下方法。

1. 文献法

在研究开展之前，笔者通过阅读大量中外文献，了解了目前国内外对自主学习、教师信念以及教师隐喻的相关研究。虽然很少有通过隐喻并立足自主学习视域探究教师信念的，且其中主要是关于教师角色的隐喻，但本书尽可能地对相关研究进行梳理和分析，从而把握自主学习视域下教师信念的研究现状。通过文献法对相关研究进行前期目的设定与思路安排，为本研究奠定一定的理论基础和方法论基础。

2. 案例法

本研究的研究对象是高中和大学英语教师。为了对两阶段的英语自主学习教学改革现状有一定的了解，主要选取了某外国语学校（高中）和某大学作为案例进行全面的分析。之所以这样选择，一方面在于两所学校在英语教学方面有着较为丰富的经验，富有特色；另一方面是遵从"便利性"原则，以利于研究的开展。

3. 问卷法

在本研究中，笔者分别对高中和大学两阶段的学生设计了调查问卷，在一定程度上对某外国语学校（高中）和某大学目前学生的英语自主学习教学现状有所了解。在两个案例学校中分别对 250 名学生发放问卷，获取相关信息，并以此作为相关背景资料，以便能够更为全面、深入地开展该研究。本书分别设计高中和大学学生自主学习情况调查问卷（见附录 1、附录 2）。问卷由笔者设计制订，由专家进行修订、完善。问卷采用五等计分法，五个等级分为非常不同意、不同意、不确定、同意、非常同意，各自相应的得分为1 分、2 分、3 分、4 分、5 分，从学生在每个选项上的平均得分来看学生的自主学习能力水平。此外，本研究主要利用 SPSS 20（即 IBM SPSS Statistics 20.0，"统计产品与服务解决方案"软件）对收集到的调查资料进行整理分析。

4. 访谈法

本书采用的访谈法主要是利用隐喻的技巧，引导教师就相关隐喻进行思考和评论，并进行一些相关的提问，从而获取不同阶段教师信念的一手资料。访谈提纲主要参照已有研究进行设计，在实际操作前，笔者就设计好的提纲进行前测并咨询相关专家意见，以此修订和完善访谈提纲。

本研究分别选取两所学校的 10 名英语教师进行深度访谈，采用隐喻分析的方法了解两阶段英语教师自主学习视域下的教师信念。高中受访教师分别用 S1、S2、S3……S10 表示，大学英语教师则分别用 U1、U2、U3……U10 表示。由于国外较早将自主学习引入外语教学进行研究，且某些学者在这方面已取得了一些研究成果，如海伦娜（Helena）借助隐喻的方法对荷兰学生从高中到大学的学习适应情况进行的研究。因此，本研究中的访谈提纲（见附录3）主要引用国外已有学者研究中的提纲，并结合国内实际情况补充所需问题。对已有访谈提纲的翻译及问题的补充经由一名专家以及前测对象访谈的反馈进行修订、完善。在访谈之前，笔者向前测对象详细说明本研究的目的，并向他们承诺对其身份进行保密。与此同时，笔者也承诺会把相关的研究成果与他们分享。每次访谈之前，笔者都会充分尊重受访者的意愿，在征询对方同意后再进行录音。若有教师对访谈后的信息有所顾虑，笔者也会把访谈录音的转录稿先发给他们，以此保证本书收集信息的准确性。对于那些不同意录音的教师的访谈，笔者会详细地做好相关笔记，有不清楚的地方及时跟访谈对象确认，尽量避免信息的遗漏。

鉴于两个阶段的实际情况不同，笔者在访谈过程中会结合实际并灵活调整访谈中的问题。为了让教师尽快地融入本研究，首先，笔者就自主学习相关的话题进行提问，如：在您看来，什么是自主学习？在自主学习教学改革中，教师和学生分别扮演什么角色？您认为当前在开展自主学习教学改革过程中遇到的主要问题是什么，有没有哪些有利的条件？您认为哪些因素会影响您的这些认识？其次，在此基础上引导教师对相关隐喻句进行思考和评论，让教师选择自己倾向的隐喻并创作关于英语教学的隐喻图。最后，进一步探究他们关于英语自主学习教与学本质的认识并进行比较分析。有关教与学的访谈提纲（隐喻部分）设计如表1-1和表1-2：

表 1-1　有关教学的隐喻或问题

教学
一、请对以下的每个句子进行评论
1. 教师的任务在于把深奥难懂的材料分解后提供给学生
2. 教学就像在风中播撒种子，教师不能决定它将会发生什么
3. 学生就像是原材料，需要按照之前决定的模式来进行塑造
4. 教学就像是在教学内容的不同部分间建立联系
5. 教师的任务在于为学生安排一个建筑工地并为他们提供相关的材料
6. 教学就像一次旅行，教师是学生的引导者
7. 教师就像园丁，他应给予园中的每棵植物它们所需要的
二、您更倾向于哪个隐喻，为什么？如果您有更合适的隐喻，请补充

资料来源：① Oolbekkink-Marchand H W. Teachers' perspectives on self-regulated learning [J]. Radboud Docenten Academie, 2006. ② Fox D.Personal Theories of Teaching [J]. Studies in Higher Education,1983,8（2）:151-163.

表 1-2　有关学习的隐喻

学习
一、请对以下的每个隐喻进行评论
1. 学习就像买东西
2. 学习就像爬山
3. 学习就像建房子
4. 学习就像做饭
5. 学习就像旅行
6. 学习就像树的生长
7. 学习就像储存数据
二、您更倾向于哪个隐喻，为什么？如果您有更合适的隐喻，请补充

资料来源：Bhasin M K, Bharati B.Teacher Thinking about Knowledge, Learning and Learners: A Metaphor Analysis [J]. Social and Behavioral Sciences,2012,55:317–326.

　　教学隐喻图创作是指教师用简笔画来描述自己对教学的理解，并配以文字对图画进行解释，形象生动地表达教师教学观念的形式。隐喻图以其鲜活的图画及生动的文字描述，利于教师将其教学思想或教学实践形象化，并促进他们的教学反思。[①]

　　本研究邀请了一位高校教师信念研究的专家参与讨论自主学习视域下教

---

① 高维，李如密.教师教学隐喻图画的比较研究 [J].上海教育科研，2011（7）：4-9.

师信念的五个维度，并最终确定为关于教学的信念、关于教师角色的信念、关于学生的信念、关于学生学习的信念、关于自主学习教学开展促进和阻碍因素的信念。本研究中的访谈提纲主要依据国外已有研究的访谈提纲，如"教学就像在风中播撒种子，教师不能决定它将会发生什么"，该隐喻句主要作用在于了解教师关于教学的看法以及教师对自身作用的认识；"教师的任务在于把深奥难懂的材料分解后提供给学生"，这个句子是为了探究教师对自身职责的认识。以上两个隐喻句可以概括出两个编码的维度：维度1是关于教学的信念；维度2是关于教师角色的信念。"学生就像是原材料，需要按照之前决定的模式来进行塑造"，可以编码为维度3，即关于学生的信念。访谈提纲中有关教学的其他句子也可以从这些维度来分析；而有关学习的隐喻句在本研究中将其编码为维度4，即关于学生学习的信念。

事实上，有些隐喻句可以从多个维度进行解读，教与学本来就是密不可分的。如笔者补充的问题：您认为什么是自主学习？有关自主学习的内涵也涉及教师的教与学生的学。除此之外，"您在开展自主学习教学中，是否遇到过困难？有没有哪些有利条件？"该问题主要是为了了解教师在开展自主学习教学过程中的有利因素和不利因素，因此，可以编码为维度5，即关于自主学习教学开展促进和阻碍因素的信念。此外，为了确保能够准确地把握教师创作的隐喻图，本研究让教师在创作隐喻图后附上文字说明，如果仍存在不够清晰或理解不到位的，那么笔者会在访谈结束后再联系受访对象以进行确认。

四、研究的重点与难点

（一）重点

1. 探讨和分析高中和大学英语教师的学生自主学习信念。国内有不少高中和大学在社会需求以及相关政策的号召下，进行了自主学习教学改革。不少教师和学者对此开展了相关的理论和实证研究，但大多数人主要针对自主学习的内涵、特点以及实施的情况等进行探索，较少从教师信念的层面入手，而对两阶段教师信念进行同步研究的几乎没有。学生从高中到大学的适应，离不开教师的指导，这就需要两阶段教师的相互理解和支持。因此，深入了解两阶段的教师信念也就很有必要。

2. 将质的研究和量的研究相结合来分析自主学习视域下高中和大学的教师信念。本研究不仅采用了常规的调查问卷来收集实证资料作为背景信息，与此同时，还运用隐喻分析的方法对两阶段教师进行访谈。虽然国内隐喻及隐喻在外语教学中应用的相关研究不少，但较多作为一种教学方法的创新，较少作为一种研究的方法。教师信念具有内隐性，不易用外在的方法进行测量，而隐喻的认知功能能使其作为一种方法进行研究。质性研究和量化研究的结合能够较为深入、全面地获取两阶段教师的信念。

（二）难点

1. 教师信念的研究是当今世界教育领域研究的热点和难点。国外有不少学者开展了相关研究，可以为我国提供参考，然而教师信念看不见也摸不着，因此难以把握。虽然它可以通过教师的言行来反映，但教师自身的表述以及不同人对教师行为的不同解读也会影响对教师信念的正确理解。此外，教师信念也包括未被教师意识到的那部分，即潜意识的教师信念。这些都增加了对教师信念进行研究的难度。

2. 隐喻分析方法的使用。教师信念的内隐性再次增加了对其进行研究的难度。虽然国外有越来越多的学者运用隐喻来窥探教师信念,但在我国类似的研究并不多。通过隐喻方法可以帮助研究者以非直接的方式获取所需要的信息,由此可以避免因直接而可能带来的尴尬和隐瞒等,研究者可以用自己熟悉的、简单的事物等达到对陌生而复杂的事物的认识;然而,隐喻方法使用的效果会受到多种因素的影响。首先,隐喻的设计是否合理,是否能够真正地反映所研究的问题需要谨慎对待;其次,通过对相关隐喻句的描述或隐喻图的创作不一定能够获取受访者最为真实的想法,即每位受访教师的思维方式、语言表达能力、图形创作能力等都是不同的,他们在受访中表达出来、创作出来的不一定就是他们的真实想法;最后,一个隐喻句会有多种解读,不同的人可以有不同的认识,这就增加了对隐喻进行解读的难度。

第三节　相关概念界定

本书研究的对象是高中和大学英语教师的学生自主学习信念,确切地说是在自主学习教学改革中两阶段教师对学生自主学习的认识。在研究的过程中,笔者借鉴国外相关研究,采用隐喻分析的方法对教师进行深度访谈。为了对研究有更为全面的理解和把握,需要对本书的核心概念进行界定,主要包括高中与大学、信念与教师信念、自主学习与自主学习信念、隐喻与教师隐喻。

一、高中与大学

（一）高中

高中是高级中学的简称，多指普通高级中学（普通高中），即接收初中合格毕业生、一般学制为三年的教育阶段。

（二）大学

本文中的大学主要指普通高等学校（本科专业），即主要招收高考毕业生，一般类学制为四年，医学类、建筑类为五年的教育阶段。此外，本研究中的大学英语教学主要指大学中的公共课英语教学，不包括大学专业英语教学。大学英语教学的两大特点是大班授课、教学时间有限。

二、信念与教师信念

在《现代汉语辞海》中，信念是指自己认为可以确信的看法[①]，即人们对事物坚信不疑的认识，在我国一般用观念表示，其对人们的行为起着指引方向的作用。

教师信念是指教师关于教与学什么是真实的、正确的或合适的，即对事物坚定不移的认识或看法，主要包括教师对教学、学习、课程、学生、教师自身角色、教学策略、教学评价等的认识。人们对某一事物的认识会影响其采取的相关行动，教师信念是教师对教与学本质的认识，也会对其教学实践产生重要影响。

---

① 现代汉语辞海［M］.北京：中国书籍出版社，2003：1214.

三、自主学习与自主学习信念

自主学习是学生最基本的责任，也是我国教师努力的方向之一，即让学生自主提问，自主解疑。培养学生的自主学习能力，不仅关系到学生在校知识、技能的获得，更会在潜移默化中影响学生的长远发展。国内外不少学者对自主学习进行了界定，虽然不尽相同但都普遍认为自主学习要求学生对自己的学习负更多的责任，包括学生的自我选择、自我监督、自我评价等。值得一提的是，本书中的自主学习是教师指导下学生的自主，这种方法使学生能够更为积极主动地参与学习、较好地规划自身的学习进度、合理安排学习时间等。在这个过程中并不否定教师的作用和合作学习。

自主学习信念是教师信念的一部分，在本书中主要指两阶段教师对学生自主学习坚信不疑的看法，即教师在自主学习教学改革中对教学、教师角色、学生、学生学习、影响自主学习教学实践的因素等的认识。

四、隐喻与教师隐喻

什么是隐喻？隐喻是一种修辞手法，与此同时它也是一种思维认知方式。本书在对已有研究进行梳理的基础上，认为隐喻中的两个对象具有某些相似性和关联性，通过人们所熟悉的某一对象以及双方可以在具体的语境中达到对某一陌生、抽象而复杂的对象的认识。隐喻的功能在于其借助另一个事物来表示对一个事物的理解和体验。[①] 借助教育隐喻，人们可以通过具体、熟悉的事物来理解抽象、陌生而复杂的事物。塞班则指出隐喻具有可以作为教师专业角色认同的原型、作为教学的策略、作为评价和发现的工具等十大功

---

① LAKOFF G, JOHNSON M. Metaphors we live by [M]. Chicago and London: University of Chicago Press, 1980: 5.

能。^① 为此，本书将隐喻视为一种认知方式和研究工具，用以探讨教师信念。

有研究者认为教师隐喻是教师通过隐喻所表达的自己对"教师是什么""学生是什么""教学是什么"等的教学思想的浓缩和载体。^② 通过教师对相关隐喻的描述与评论，人们可以更好地理解教师信念，对教师的教与学有更为深入的认识。本书将引导教师就"教学就像在风中播撒种子，教师不能决定它将会发生什么""教师就像园丁，他应给予园中的每棵植物它们所需要的""学习就像爬山"等隐喻句进行解读，以此探究教师的学生自主学习信念。与此同时，本研究还将通过对相关问题的提问来进一步验证教师的所思所想。

第四节　研究意义

立足自主学习视域，探究高中与大学英语教师信念具有一定的挑战性。一方面，教师信念的研究本身就存在一定的难度，如何才能更为科学有效地开展需要做好充足的准备；另一方面，在对两阶段教师自主学习信念了解的基础上，需要为两阶段教师提供合理、可行的建议。该研究的开展需要笔者花费较多的时间进行访谈、调查，对研究者的沟通能力、处理信息的能力、分析问题的能力等都提出了较高的要求。对教师信念的研究具有重要的理论与实践意义，正是这分坚信支撑着本研究的开展。

---

① SABAN A. 隐喻在教学和教师教育中的功能 [J]. 上海教育科研，2010（10）：16-20.

② CHEN D D. Classification System for Metaphors about Teaching [J]. The Journal of Physical Education, Recreation and Dance, 2003, 74（2）：24-31.

一、理论意义

目前，国外有关教师信念的相关研究较多，国内近年来相关研究也在不断丰富，但从自主学习视角出发探究教师信念的研究则不多。此项研究，有利于丰富国内关于教师信念的理论研究。自 20 世纪 80 年代以来，我国注重促进教师的专业发展，对教师发展的关注也从专业知识、技能的提高，发展到关注教师行为背后的思想研究。一些学者开始进行这方面的探索，然而这些研究更多集中于中小学教师信念的研究。有关大学教师信念的研究不多，如《中荷研究型大学教师信念比较研究》《教学型大学教师信念影响因素研究：基于集美大学教师的访谈分析》[1][2]。本书的研究对象包括高中和大学英语教师，因此本研究可以在一定程度上丰富已有的教师信念研究。此研究也有利于丰富教育理论研究。本书探讨的是自主学习教学改革中的教师信念，对教师信念的研究，可以帮助人们更为深刻地理解教师对教学、学习、教师角色、师生关系等的看法。通过整理分析从实践中获得的这些资料，进一步上升到理论层面，可以更好地指导教学实践。

二、实践意义

首先，立足自主学习视域，深入了解高中和大学英语教师信念，有利于促进两阶段教师的沟通和交流，从而促进他们更好地参与和支持自主学习教学改革。教师采取的教学措施会对学生的学习产生较大的影响，进而影响学生从高中到大学英语学习的适应。该研究在呈现客观研究结果的基础上，进一步分析影响教师自主学习教学实践的促进和阻碍因素，并对两阶段教师开

---

① 吴薇.中荷研究型大学教师信念比较研究［M］.广州：广东高等教育出版社，2012.

② 陈静，吴薇.教学型大学教师信念影响因素研究：基于集美大学教师的访谈分析［J］.集美大学学报（教育科学版），2016，17（5）：6-12.

展自主学习教学实践提出具体建议。这些建议可为教师提供参照、反思自身教学，并为教师的专业成长和教学质量的提高提供帮助。

其次，本研究只针对两阶段英语教师，对其他学科的教师不做深入探讨，因此该研究的结果对高中和大学的英语教师具有较强的指导意义。以往关于大学教师信念的研究具有普适性，而从某种意义上来说则缺少针对性。英语是一门国际通用的语言，英语的学习是学生成长、社会人才培养的重要工具。学好英语仍是多数学生和家长的主要愿望，如何帮助学生更有效、自主地学好英语是 21 世纪英语教师面临的一个挑战。目前我国立足自主学习视域探究英语教师信念的研究很少，期望本书的出版可以切实地在一定程度上促进两阶段英语教师的反思和成长。

最后，本研究是针对自主学习教学实践改革开展的实证研究。在这个过程中，笔者深入访谈、调研一线教师，每次的访谈时间约为一个小时，因此能够从这些教师身上汲取宝贵的教学经验。他们对教学、学习、师生关系等的认识，以及他们在教学实践中遇到的一些事情都是可以和广大教师进行分享和交流的。另外，本研究中教师对学生自主学习的认识能够帮助更多的教师加深对学生及学生学习的理解，促使他们在教学实践中更好地把握自身角色，从而促进学生自主学习。

本章小结

本章主要对本研究的开展进行了简单介绍。国内不少学生在高中阶段的英语学习中取得了很高的分数，到了大学却不懂得怎样应用英语的现象引起了笔者对英语教学的关注与反思。高中和大学英语自主学习教学改革的开展及在这个过程中师生面临的困境与笔者的学习经历，促使笔者下定了做此项研究的决心。本研究旨在通过对高中和大学教师的学生自主学习信念的比较来促进教师对自身教学、学生学习等的理解，进而促进学生从高中到大学英语学习衔接的适应。本研究采用质性和量化相结合的方法，一方面通过问卷调查了解学生的自主学习现状；另一方面采用隐喻的方法对教师进行访谈，探究教师的学生自主学习信念。如何恰当、有效地使用隐喻的方法，使具有内隐性的教师信念较好地得以表达并对其进行准确的解释是本研究的重点和难点。

　　本章对"高中与大学""信念与教师信念""自主学习与自主学习信念""隐喻与教师隐喻"进行了概念界定，并就研究的理论意义和实践意义展开了论述。从理论层面而言，该研究可以丰富教师信念的理论研究及教育理论研究；从实践层面而言，该研究可以为教育决策者、两阶段英语教师等提供参考和借鉴。

第二章　自主学习与教师信念的理论阐释

本章对自主学习视域下高中和大学的英语教师信念展开探讨。国内外直接的相关研究很少。本章主要梳理国内外有关自主学习、隐喻与教师信念的研究，同时加以分析与总结，以期为本研究奠定一定的理论基础和方法论基础。

第一节　自主学习研究

自主学习的提出与素质教育和终身学习理念密切相关，它以建构主义理论、人本主义心理学理论以及语言认知理论等为理论基础。随着这些理论的发展以及在全球化大背景下人们对英语学习的重视，把自主学习运用到英语教学中成为外语教学者及语言研究者研究的热点。学者霍莱茨（Holec）在《自主与外语语言学习》（"*Autonomy and Foreign Language Learning*"）一书中最早把自主学习引入外语教学。目前，我国高中和大学的英语教学都注重提高学生的自主学习能力。不少学者对自主学习的内涵、特征、意义以及在开展自主学习过程中遇到的问题等都进行了相关的研究，但是有关高中和大学教师信念的研究较少，而关于两阶段教师学生自主学习信念的研究更少。

本书以 "self-regulated learning（自我管理式学习）" "self-directed learning

（自我导向学习）""autonomy learning（自主学习）""自主学习""高中英语自主学习""大学英语自主学习"等为关键词，通过 ProQuest 数据库、Springer 外文期刊、CNKI（中国知网的英文简称）、Google 学术搜索等对相关中外文献进行搜索。通过对这些文献的阅读，本书梳理了目前国内外对自主学习内涵、特征、影响因素等的研究，为本研究的开展奠定一定的理论基础。

一、国外自主学习的内涵、特征与实践

（一）自主学习的内涵

国外自主学习的研究主要分为三个阶段：20 世纪以前是自主学习思想的提出阶段，国外的许多教育家、思想家提出了自主学习思想，如卢梭、斯宾塞等，但这些仅停留于理论思辨的探讨；20 世纪初到 20 世纪 60 年代是自主学习的初步实验阶段，20 世纪初实验主义和实用主义思想兴起后，对传统的教学进行了批判，突出强调学生自主学习的重要地位，如杜威的"从做中学"、斯金纳的"程序教学"对自主学习的初步实验研究做出了重大贡献；20 世纪 60 年代至今，自主学习进入了系统研究阶段。当前国外的自主学习理论主要有操作主义理论、人本主义理论、信息加工理论、社会认知理论、意志理论、言语自我指导学派以及认知建构主义理论。[①]

虽然有学者在 20 世纪 60 年代就对自主学习开始了系统研究，然而自主学习在英语教学中的运用却是 20 世纪 80 年代初的事。霍莱茨最先提出把自主学习引入外语教学，并将自主学习定义为"对自己的学习能够负起责任的能力"。另外，他认为学习者主要对以下方面进行负责："确定自己的学习目标，确定自己的学习内容和进度，选择自己的学习方法和学习技巧，监控自

---

① 庞维国 . 自主学习：学与教的原理和策略 ［M］. 上海：华东师范大学出版社，2003：25-38.

己的习得过程，评估自己的学习效果。"① 霍莱茨主要是从学生在学习过程中各个方面的参与来认识自主学习的，其涉及的面较多，也较为具体，有助于人们理解自主学习的内涵。然而，霍莱茨的这个界定也存在一些不足，如学习者在学习过程中的动机、情绪等的管理不能得到较好的体现。

齐默曼认为自主学习者相比于被动学习的人，能够在需要的时候积极寻找信息并采取所需的步骤掌握那些信息。在他看来，自主学习者是学习中在元认知、动机及行动上的积极参与者。② 他在 1990 年对这三方面作了进一步的说明③：在认知方面表现为自主学习者在学习的不同阶段计划和设置目标、组织监控和自我评价，科尔诺对此也提出了类似的观点④；在动机方面，表现为自主学习者具有高水平的自我效能感、自我归因及内在兴趣；在行为方面则表现为自主学习者为优化学习而选择、建构并创造环境，亨德森（Henderson）在研究的过程中也对此进行了强调⑤。相比于霍莱茨，齐默曼对自主学习的认识似乎更为全面，也因此成为许多学者在自主学习研究中的参照。

虽然不同的研究者对自主学习的界定没有达成一致的看法，但都认为在自主学习中学生能够更多地为自己的学习负责。值得一提的是，强调学生的自主学习并不是否定教师的作用及合作学习，学生在自主学习的过程中仍离

---

① HOLEC H. Autonomy and Foreign Language Learning［M］. Oxford：Pergamon Press, 1981：17.

② ZIMMERMAN B J. Development of self-regulated learning: Which are the key sub-processes?［J］. Contemporary Educational Psychology, 1986, 16：307-313.

③ ZIMMERMAN B J. Self-Regulated Learning and Academic Achievement：An overview Educational psychologist［J］.Theory, Research, and Practice, 1990, 25（1）：3-17.

④ CORNO L. The meta-cognitive control components of self-regulated learning［J］. Contemporary Educational Psychology, 1986, 11（4）：333-346.

⑤ HENDERSON R W. Self-regulated learning: Implications for the design of instructional modules［J］. Contemporary Educational Psychology, 1986, 11（4）：405-427.

不开教师的鼓励与关怀，离不开教师提供教学资源、指导学习方法等帮助。不少教师认为自主学习不是学习者一个人的学习，而是在教师指导下的独立学习、合作学习。学生应意识到他们是为自己学习，应对自己的学习行为有较好的认识。① 一些研究者也认为，教与学是个互动的过程，强调学生的自主学习并不是否定教学，而是在教学指导下的自主学习。②

（二）自主学习的特征

由于不同学者是从不同的维度探究自主学习的，因而他们对自主学习特征的认识存在一些差异。

齐默曼认为对自主学习的定义包含三方面的特征：①学生自主学习策略的使用；②学生对学习效果的自我反馈能够对自己的方法或策略的有效性进行监督，从而做相应的调整；③学生独立的动机过程。③ 其中，学生对学习效果的自我反馈在笔者看来是自主学习中很重要的一个方面，但较少被研究者提及，更多学者主要从策略、动机、行为等方面认识自主学习的特征。帕里斯认为自主学习包括三个方面的特征，即思考的意识、策略的使用以及持续的动机。④ 巴特勒（Butler）等人认为学习者在自主学习的过程中，为扩充他们的知识及维持学习的动机而设定目标，并且他们能够意识到自己的知识

---

① TILLEMA H H, KREMER-HAYON L. "Practicing what we preach": teacher educators' dilemmas in promoting self-regulated learning: a cross case comparison[J]. Teaching and Teacher Education, 2002, 18(5): 593–607.

② DE LA FUENTE ARIAS J, JUSTCIA JUSTICIA F, CARCIA BERBEN A B. An Interactive Model of Regulated Teaching and Self-regulated Learning[J]. International Journal of Learning, 2006, 12(7):217-226.

③ ZIMMERMAN B J. Self-Regulated Learning and Academic Achievement: An overview. Educational Psychologist [J].Theory, Research, and Practice, 1990, 25（1）: 3-17.

④ PARIS S G, WINOGRAD P. The role of self-regulated learning in contextual teaching:principles and practices for teacher preparation[EB/OL]. (2006-12-07)[2021-10-17]. http://www.ciera.org/library/archive/2001-04/0104parwin.htm.

和观念所产生的影响。他们能够掌控自己的动机，并且在参与一个任务的过程中能够意识到并管理自己的情感。[①] 这些研究者较多地看到了自主学习中动机和情感方面的因素。宾特里奇认为自主学习是可教的，学生可以通过学习学会。与此同时，他认为自主学习是可以控制的，而不是如个人特征或风格般难以改变。此外，他还提到自主学习适合大学的环境。学生在大学里有更多可支配的时间，有利于对他们的学习过程进行监控。[②] 宾特里奇在1999年还指出，自主学习模式主要包括三种策略：①认知学习策略。如复述、组织、精确化等，它们与学生课堂学业成绩密切相关。[③] ②元认知策略，如计划、监控和管理。计划策略如设定目标、阅读之前的预览、带着问题进行阅读等；监控策略如阅读或听讲时注意力的集中、为理解文本内容而进行的自我测验等；管理策略，如阅读中的自我提问、返回阅读等。它与监控策略密切相关。学生的元认知知识及元认知策略的使用也会对学生的学习成绩产生影响。③资源管理策略，如对学习时间、努力程度、学习环境等的管理和控制，也包括寻求帮助的策略。[④]

在这里，宾特里奇主要从策略的角度来认识自主学习，对所涉及的三个方面也进行了较为细致的说明和解释，其不足之处在于视角比较单一。对这些学者对自主学习特征的认识归纳如表2-1所示。

---

① BUTLER D L, WINNE P H. Feedback and self-regulated learning: A theoretical synthesis [J]. Review of Educational Research, 1995, 64（3）: 245-281.

② PINTRICH P R. Understanding Self-Regulated Learning [J]. New Directions for teaching and learning, 1995（63）: 3-12.

③ PINTRICH P R, DE GROOT E. Motivational and self-regulated learning components of classroom academic performance [J]. Journal of Educational Psychology, 1990, 82: 33-40.

④ PINTRICH P R. The role of motivation in promoting and sustaining self-regulated learning [J]. International Journal of Educational Research, 1999, 31（6）: 459-470.

表 2-1　主要代表人物及其对自主学习特征的认识

代表人物	时间 / 年	自主学习特征
齐默曼	1990	策略的使用、学习效果的自我反馈及独立的动机过程
巴特勒等	1995	持续的动机和情感的管理
宾特里奇	1999	认知学习策略、元认知策略和资源管理策略
帕里斯等	2001	思考的意识、策略的使用以及持续的动机

整合各研究者的观点，笔者认为在自主学习的过程中自主学习者要能够对自身学习的认知、动机和行为等进行管理。他们知道如何进行学习，也知道自己的可能性和局限性，并能够在认识自己的基础上依据任务目标监控和调整他们的学习过程。与此同时，他们能够较好地管理自己的情绪，并选择或创造较为自由宽松的学习环境。这些特征可以为教师开展自主学习提供一些启示，如给予学生选择的自由，让学生在学习内容、方法、进度等方面拥有一定的话语权。①

（三）自主学习的开展

1. 自主学习开展的影响因素

自主学习教学对激发学生的学习兴趣及培养学生的自主学习能力具有重要意义。然而在自主学习教学改革过程中也存在一些问题，有研究者对荷兰、以色列的师生进行调研发现，教师对自主学习持有积极的态度，但实施的过程却不让人满意。② 也就是说教师在开展自主学习的过程中，在理论学习和实践操作层面存在脱节现象。如何才能更好地开展自主学习教学？哪些因素影响了自主学习的开展？学者认为外在的环境支持和资金支持、教师自身素

---

① AMES C A. Classrooms : Goals, structures and student motivation［J］. Journal of Educational Psychology, 1992, 84（3）: 261-271.

② KREMER-HAYON L, TILLEMA H H. Self-regulated learning in the context of teacher education［J］. Teaching & Teacher Education, 1999, 15（5）: 507-522.

质、师生互动、学习目标以及学生的自我效能感等会影响自主学习教学的开展。

自主学习的开展需要一定的基础和环境。蒂勒玛（Tillema）和海茵（Hayon）分别从教师和学生视角分析了进行自主学习的条件。在教师看来，自主学习的开展需要一个灵活、开放的学习环境、充足的学习时间、资金支持等。从学生的角度看，自主学习要能够为学生提供个人表达的机会、自由思考和学习的时间、充足的学习材料等。[①] 如果这些条件得不到保障，那么自主学习的开展将难以顺利进行。

此外，有学者指出自主学习的开展需要学生和教师理解，学习者能够对学习中的决定负责的重要性。与此同时，他们认为教师发展对促进自主学习具有重要作用。[②] 一些学者从教师自主学习的视角探索学生从高中到大学学习衔接存在困难的原因，发现大学教师关注的是内容的多样性，而中学教师把关注点更多地放在学生身上。[③] 教师对教学、学习、学生等的理解往往会影响他们的行为，进而影响到自主学习的开展。有研究发现，如果教师采用以学生为中心的促进式教学并教给学生自主学习的策略，那么学生会更倾向于进行自主学习。同时，教师给学生适当的反馈也会影响学生的自主学习。他们认为反馈包括一般反馈和具体反馈。一般反馈如"好""很好"类似的简短评价；而具体反馈会进一步指出好在哪里、不好在哪里，使学生能够进一步修

---

① KREMER–HAYON L, TILLEMA H H. Self–regulated learning in the context of teacher education [J]. Teaching & Teacher Education, 1999, 15（5）: 507–522.

② LUNYK–CHILD OI, CROOKS D, ELLIS P J, et al. Self–directed learning: Faculty and student perceptions [J]. Journal of Nursing Education, 2001, 40（3）: 116-123.

③ OOLBEKKINK–MARCH H W, VAN DRIE J H, VERLOOP N. A breed apart? A comparison of secondary and university teachers' perspectives on self–regulated learning [J]. Teachers and Teaching, 2006, 12（5）: 593-614.

改和完善。[①] 齐默曼和申克（Schunk）也指出，师生互动是影响学生使用学习策略的一个重要因素。[②]

申克在 1990 年还指出，自主学习要求学生设立具有现实挑战性且能够实现的目标，只有这样，学生才能更好地监控他们的学习过程并选择合适的方法。而目标的实现会提高学生的自我效能感，并促进学生设立新的目标。[③]与此相似，宾特里奇通过调查发现，持有掌握目标导向的学生比持有任务目标导向的学生更乐于采用自主学习策略，这更利于促进学生的自主学习。此外，学生积极的自我效能感及对所完成任务的价值信念也会促进学生的自主学习行为。[④] 这些学者看到了学生学习的目标以及学习过程中的自我效能感对自主学习可能产生的影响。

2. 促进学生自主学习的有效措施

自主学习的开展具有重要意义，一些学者尝试把自主学习融入职前教师技术教学内容的学习，以促进职前教师更好地掌握相关技术教学知识。[⑤] 怎样才能更好地促进学生的自主学习呢？不同学者分别从学生对自主学习过程的把控、教师自身素质的提高、建构性学习环境的创造以及学习策略的训练等探索促进学生进行有效自主学习的途径和方法。

有研究者认为，学生在自主学习的过程中要做到调动自己已有的学科知

---

① YEN N L, BAKAR K A, ROSLAN S, et al. Self-regulated learning and its relationship with student-teacher interaction ［J］. Pakistan Journal of Psychological Research, 2005, 20 : 41-63.

② ZIMMERMAN B J, SCHUNK D H. Self-regulated learning and academic achievement ［J］. Theory, research, and practice, 1989, 25（1）: 3-17.

③ SCHUNK D H. Goal setting and self-efficacy during self-regulated learning ［J］. Educational Psychologist, 1990, 25 : 71-86.

④ PINTRICH P R. The role of motivation in promoting and sustaining self-regulated learning ［J］. International Journal of Educational Research, 1999（6）, 31 : 459-470.

⑤ KRAMARSKI B, MICHALSKY T. Preparing pre-service teachers for self-regulated learning in the context of technological pedagogical content knowledge ［J］. Learning and Instruction, 2010, 20 : 434-447.

识、对课程或学习任务的难度进行评估、选择合适的学习策略、能够意识到自己在学习或解决任务中的情绪、观察和评价自己的学习过程、监控学习中发生的变化；意识到求助的需求并及时获得帮助。[①] 当然，学生有效的自主学习离不开教师的指导。教师一方面要不断提高自身素质，为学生树立榜样；另一方面，还要为学生提供各种支持、创造自主学习的条件。有研究者就指出教师要为学生提供自主学习策略以及建构性的学习环境。[②] 为了促进学生的自主学习，作为教与学中的两大主体，学生和教师应共同努力。宾特里奇在他的研究中提出五大建议，学生必须对自身的行为、动机和认知有更好的认识；学生必须持有积极的动机信念；教师应树立自主学习的榜样；学生应进行自主学习策略的训练；课堂学习应为学生进行自主学习提供条件，使学生获得进行自主学习的机会。[③] 这些建议概括性比较强，操作起来却不太容易，尤其是前面两点。

还有些学者通过研究发现，自主学习策略的教学会降低一些消极归因而增加在一些积极事件中的内在归因。与此同时，他们还指出自主学习策略的教学对消极归因的改良起着重要的影响，并影响个体的身心健康。[④]

---

① Hrbáčková, Vávrovás. Subjective Conception of Students' Self-Regulated Learning from the Perspective of a Beginner Teacher [J]. Asian Social Science , 2012, 8（10）: 228-239.

② DIGNATH-VAN EWIJK, VAN DER WERF G. What Teachers Think about Self-Regulated Learning: Investigating Teacher Beliefs and Teacher Behavior of Enhancing Students' Self-Regulation [J]. Education Research International, 2012 : 1-10.

③ PINTRICH P R. Understanding Self-Regulated Learning [J]. New Directions for teaching and learning, 1995（63）: 3-12.

④ TAVAKOLIZADEH J, EBRAHIMI-QAVAM S. Effect of teaching of self-regulated learning strategies on attribution styles in students [J]. Electronic Journal of Research in Educational Psychology, 2011, 9（3）: 1087-1102.

二、国内不同阶段教师对自主学习的认识

我国对自主学习的研究也可以分为三个阶段。20 世纪 20 年代以前，是自主学习思想提出的阶段，如孔子提出的学思结合、朱熹等提出的知疑善问等。20 世纪 20 年代至 20 世纪 70 年代是自主学习初步实验阶段，自主学习实验范式的初建，如设计教学法、程序教学法等在我国中小学均有实验。20 世纪 70 年代末 80 世纪初，自主学习进入系统研究阶段。中科院卢仲衡主持的"自学辅导教学"、魏书生实施的"六步教学法"实验、钱梦龙进行的"导读教学法"研究，这些主要集中在中小学；并且在这一阶段，我国学者也开展了一些关于自主学习的心理学研究，对自主学习的影响因素、心理机制和测量方法等都作了初步的探讨。[①] 目前在国内的高中和大学都开展了自主学习教学改革，许多一线教师和研究者参与到自主学习的研究之中，使得相关研究日益丰富。

（一）自主学习研究的焦点

相对而言，高中阶段的研究较少，大部分学者关注的是学生英语自主学习现状及如何培养学生的自主学习能力。王勤梅等通过对 307 名高一和高二学生的调研发现，学生的英语自主学习能力普遍偏低，且不同性别、不同类型学校及不同地区学校学生的自主学习能力存在差异。[②] 宋莹则通过学案、概念图及网络资源共享指导高中生对英语自主学习进行知识管理，并通过创设有利学习氛围等促进学生的自我调节管理。[③] 高中教师更多的是进行自主

---

① 庞维国. 自主学习：学与教的原理和策略 [M]. 上海：华东师范大学出版社，2003：39-46.

② 王勤梅，黄永平. 高中生英语自主学习能力现状调查研究 [J]. 现代教育科学，2011（6）：129-131.

③ 宋莹. 对高中生英语自主学习的指导与管理 [J]. 教学与管理，2016（25）：39-41.

学习教学实践的探讨，涉及教师信念的研究几乎没有。大学阶段研究的范围相对比较广泛，对自主学习的研究主要集中于学生自主学习能力的培养策略。基于多媒体信息技术的发展，有一部分教师对网络环境下大学生英语自主学习能力的培养进行了研究，如杜中全等探究了网络环境对学生自主学习产生的影响，并指出在这种环境下自主学习存在的问题及针对这些问题提出的改善途径。① 顾世民则对国外自主学习思想和实践研究的源起及国内外语言自主学习研究的学术史进行了梳理，进而指出国内语言自主学习理论与实践存在的五大问题，包括忽略自主学习发生的具体社会文化情境及课堂教学和自主学习中心的自主学习没有实现有机融合等。② 彭小飞运用实验班和对照班进行对比试验，探究并设计了"六步法"教学，该模式有利于培养大学生的英语自主学习能力。③

当然，也有一些研究已经关注到了教师学习者自主观念④、自主学习观念⑤以及关于自主学习教学改革中教师角色的探讨⑥。虽然教师信念对他们的教学行为具有重要影响，但黄敏等通过对西南某"211"高校的 32 名英语教师进行调研却发现大学英语教师对学生自主学习的信念和他们的教学行为之间也存在脱节现象，对此，他们展开归因分析并提出英语课程培养学生自主学习能力的特殊性。⑦

---

① 杜中全，云天英，王晓米.论网络环境下的大学英语自主学习［J］.中国电化教育，2012（6）：112-114.

② 顾世民.大学英语自主学习理论与实践研究的得与失［J］.黑龙江高教研究，2018（5）：42-46.

③ 彭小飞.大学英语"六步法"教学培养学生自主学习能力［J］.教育学术月刊，2020（12）：103-108.

④ 王利芬.大学英语教师的学习者自主观念的实证研究［D］.武汉：华中科技大学，2004.

⑤ 张庆云.大学英语教师自主学习观念调查［D］.济南：山东大学，2006.

⑥ 潘敏芳.大学英语自主学习环境下教师角色定位研究［J］.英语教师，2012（4）：51-54.

⑦ 黄敏，Bond F.大学英语自主学习：教师信念与教师行为的视角［J］.外语教学理论与实践，2018（2）：57-64.

（二）高中和大学英语教师对自主学习认识的异同

在对两阶段英语教学改革相关研究进行梳理的过程中，笔者发现两阶段英语教师都意识到了自主学习在英语教学中的重要性。他们能够正确区分自主学习与自学的区别，并能够正确处理自主学习与合作学习的关系。一般而言，自主学习具有一定的自由性，学生可以自由地选择学习的时间、地点，自行安排学习的计划，但这种自由是以教师的指导为前提的，它与完全独立于其他人帮助的自学不同。这种自主是教师指导下的"有限的自主"。[①] 同时，强调自主性并不是摒弃合作学习；相反，教师应在合作学习中加强学生自主性的培养，并通过学生自主性的培养促进合作学习。笔者在之前的研究中，从教学观念、非智力因素（意识、态度、动机、兴趣等）、学习目标、学习过程、学习策略、教师角色、学生角色以及教学评价等维度对两阶段教师的自主学习信念进行比较分析，概括出两阶段教师信念的主要差异[②]，其主要体现在两个方面。

一方面，大学教师身兼数职，对学生的情感支持以及个性培养方面较为欠缺，而在学习资源的提供方面则更为丰富。大学教师通过为学生提供的网络自主学习平台，可以与学生共享学习资源。相比于大学教师，高中教师面临着升学率的压力，高考的指挥棒始终是他们进行教学的重要指南，因此，他们只能是在保证相关知识、技能掌握的前提下提供给学生相对的自主。此外，相对于大学，高中教师与学生接触的时间更长，更有利于认识、了解每一个学生，为其学习提供有针对性的指导和帮助，并在较大程度上给学生提

---

① 李如密，王恩军.自主学习的内涵、流程及其教学策略［J］.天津市教科院学报，2007（5）：58-61.

② 吴薇，陈春梅.我国高校与高中英语教师自主学习观比较探析［J］.集美大学学报，2014，15（1）：1-5.

供情感上的支持。学生情绪上的波动、心情的不快等可以较为及时地得到教师的关怀与帮助。

另一方面，大学和高中不同的学习环境决定了两个阶段对学生技能上的要求也有所不同。在大学，学生通过网络的自主学习所取得的成绩占总成绩的比重较大，这就要求学生能够熟练地掌握信息技术的使用技能，只有这样才能进行有效的自主学习。从学校的角度，就要求其在硬件设施上有更大的投入，确保每个学生都有一台电脑进行自主学习。大学相对自由的学习环境为学生的自主学习提供了适宜的环境。在高中，学生每天都面临着繁重的课程学习压力，在时间方面不如大学生那样充裕，因而，目前高中英语自主学习开展面临的阻力比较大，有些学校甚至没有给学生提供专门进行自主学习的网络课堂，学生使用信息技术的能力也相对较低。

第二节　教师信念研究 [①]

大学教师队伍建设是影响高等教育质量的重要因素，在呼唤提升高等教育质量的大背景下，教师专业发展的研究已成为各国学者关注的焦点。人们不再局限于注意教师的外在行为表现，更重要的是探索和了解教师行为背后隐含的思想。观念层面的认识往往是隐性的，无法用外显的方式进行测量。因而不少学者尝试通过隐喻来探索教师信念，为教育机构及相关部门制定政策等提供参照。人们对隐喻的研究可以追溯到亚里士多德时代，但隐喻在教学中的应用始于 20 世纪 60 年代。本书以"metaphor（隐喻）""teachers' belief（教师信念）""metaphor and teachers' belief（隐喻与教

---

① 陈春梅.国外隐喻视角下教师信念的研究述评［J］.重庆高教研究，2014（3）：61-67.

师信念）""metaphor and teaching（隐喻与教学）""隐喻""教师信念""教师隐喻""隐喻与教师信念"等为关键词，通过 Springer 外文期刊、ProQuest 数据库、CNKI、Google 学术搜索等途径对与隐喻及教师信念相关的文献进行搜索。在对相关文献进行梳理的基础上，笔者对隐喻、信念、教师信念的界定进行分析与解读，并就隐喻、教师信念的作用及其研究的重要性加以强调。同时，笔者也对文献中隐喻在教师信念研究中的应用进行梳理，并指出其存在的不足及今后研究的展望。

一、国外教师信念与隐喻

（一）教师信念的界定及其研究的重要性

佩詹斯（Pajares）指出，对教师或未来教师信念的研究应该成为人们关注的一个重点。[①] 在他看来，教师信念是教师教学的中心，它比教师的知识更能影响其教学行为。关注教师的信念是改进教师的专业准备和教学实践的必然要求。国外学者主要从以下几个方面来理解教师信念。

1. 教师信念的界定

泰勒（Taylor）等人认为，教师信念是指教师关于教与学什么是真实的、正确的或合适的，即教师信念是教师对事物坚定不移的认识或看法。[②] 教师信念对职前教师、在职教师的成长都具有重要意义。博格（Borg）认为教师信念（包括理性的和非理性的）是指教师在长期的教学实践中积累起来的教

---

① PAJARES M F. Teachers' Beliefs and Educational Research: Cleaning Up a Messy Construct［J］. Review of Educational Research, 1992, 62（3）: 307-332.

② TAYLOR E W, DIRKX J, PRATT D D. Personal Pedagogical Systems: Core Beliefs, Foundational Knowledge, and Informal Theories of Teaching［C］// The 42nd Annual Adult Education Research Conference, 2001.

学态度、价值观、期望、设想等。① 从他的这个界定看，教师信念可以起到一种引领教师发展的作用。教师对教学的预期与设想对教师采取的教学方法、措施等会产生影响。此外，卡根（Kagan）把教师信念看成一种特殊的具有煽动性的个体知识，是职前或在职教师关于学生、学习、课堂和教学内容内隐的、不为主体意识到的假定。② 从以上定义可知，教师信念包含教师的情感、态度、价值观、学生、教学内容等内隐的认知，这种认知可能是主体自身未能意识到的。

2. 教师信念的体系

在博格（Borg）看来，教师信念即教师对学科教学自认为可以确信的看法，包括语言观、学习观、教学观、课程观、学生观和教师观等。这一界定涵盖了语言教学的主要变量，相关度高且有一定的科学性，得到了外语学界的普遍认同。与此相似，考尔德海德（Calderhead）把教师信念主要归纳为五个方面：关于学习者和学习的信念、关于教学的信念、关于学科的信念、关于学习怎样教学的信念、关于自我和教师角色的信念。③ 不同学者对教师信念体系的认识虽然没有完全达成一致，但普遍包含教与学、教师与学习者。本书中，教师信念的体系既包括教师对整个教育教学、课程、学习的信念，也包括教师对学习者个体、教师自身角色以及师生关系等的信念以及教师对知识的信念。

3. 影响教师信念的因素

在对教师信念进行界定的时候，博格指出教师信念是教师在长期的教学

---

① BORG M. Teacher's Beliefs［J］. ELT Journals, 2001, 55（2）: 186-187.

② KAGAN D M. Implications of research on teacher belief［J］. Educational Psychologist, 1992, 27（1）: 65-90.

③ CALDERHEAD J. Teachers : Beliefs and knowledge［M］//BERLINER O, CALFEE R. Handbook of Educational Psychology. New York: Simon and Schuster Macmillan, 1996 : 709-725.

实践中形成的，然而这一界定也存在不足之处，因为教师信念与教师的职前经验也是密切相关的。有学者通过研究发现，外语教师的信念主要包括以下六个方面：来自作为语言学习者的经验、教学过程中取得的最佳效果的经验、个人既定的教学风格与做法、个人因素、基于教育或研究的原则、源于某一教学方法或途径的原则。[①] 理查德森（Richardson）在总结他人观点的基础上，认为教师信念的形成来自三个方面，即教师的个人经历、教师在学校或教学的经历、教师的教育教学知识。[②] 他主要从教师的个人经历及教师个人专业知识来探讨影响教师信念的因素。整体而言，教师的职前经验与在职经验都会对教师信念产生影响。同时，教师个人的风格、性格等也是相关的影响因素。

4. 教师信念研究的重要性

教师信念具有内隐性，研究起来并不是那么容易。为什么近些年国外学者对教师信念研究的热情居高不下？内什波尔（Nespor）认为教师信念是影响课堂教学的首要因素。[③] 不少学者持类似观点，认为教师信念与教师的课堂教学密切相关；托宾（Tobin）、埃斯皮内特（Espinet）等也认为教师信念对教师的课程计划与实施及他们的课堂行为有着重大的影响。[④] 威廉姆斯（Williams）

---

① KINDSVATTER R, WILLEN W, ISHLER M. Dynamics of Effective Teaching［M］. New York: Longman, 1988 : 47.

② RICHARDSON V. The role of attitude and beliefs in learning to teach［M］//Sikula J. Handbook of research on teacher education. New York: Macmillan, 1996 : 102-119.

③ NESPOR J. The role of beliefs in the practice of teaching［J］. Journal of Curriculum Studies, 1987, 19（4）: 317–328.

④ TOBIN K, ESPINET M. Impediments to change: An application of peer coaching in high school science［J］. Journal of Research in Science Teaching, 1989, 26（2）: 105-120. Tobin K.Forces which shape the implemented curriculum in high school science and mathematics［J］. Journal of Teaching and Teacher Education, 1987, 3（4）: 287–298.

和伯登（Burden）则强调了教师信念对教学的重要影响[①]。在他们看来，教师信念和价值观比教师关于课堂计划的知识、教师与学生的相处方式以及教师在教学过程中所做的决定对课堂教学的影响更大。他们进一步指出，教师对于教与学的看法会影响教师的教学方法以及课堂教学行为。人们的所作所为总是取决于他们的思想，教师信念会影响教学方法、教学技术、对活动的接纳以及所采取的措施。因而，了解教师信念对教师的发展具有重要意义[②]。通过对教师信念的研究有助于了解隐藏在教师内心深处关于教与学的理解，这些往往是教师关于教与学本质的认识。因此，教师信念似乎可以作为一种评价教师专业成长的指标。卡根（Kagan）认为教师信念可能是评价教师专业成长最清晰的指标。教育改革的关键是促进教师的改变，而教师信念是个体改变最显著的观测变量。[③] 由此可见，教师信念的研究对教师的专业发展具有重要影响。

（二）隐喻的内涵及其作用

隐喻是人类认知的一种基本方式。20 世纪末，西方学者纳派（Noppen）等人对隐喻的相关研究进行了系统梳理。他们于 1985 年和 1990 年先后出版了《隐喻：1970 年后出版的论著目录》和《隐喻 II：1985—1990 出版物分类目录》两本著作。前者收录了 1970—1985 年的相关研究 4317 项，后者则指出了研究隐喻的学科已达 70 多门。隐喻研究已成为一门跨学科的学问，即从

---

① WILLIAMS M, BURDEN R L. Psychology for language teachers : A social constructivist approach[M]. Cambridge : Cambridge University Press, 1997.

② DONAGHUE H. An instrument to elicit teachers' beliefs and assumptions [J]. ELT Journal, Oxford University Press, 2003, 57（4）: 344-351.

③ KAGAN D M. Implications of research on teacher belief[J]. Educational Psychologist, 1992, 27（1）: 65-90.

语言学、哲学、认知科学、心理学、心理治疗、教育学、音乐、神学、美术等学科进行研究。[①]

希尔（Shuell T. J.）曾说过：如果一幅画需要一千个词来描绘的话，一个隐喻需要这样的一千幅画。因为人们在思考某一事物的时候，一幅画提供的只是一个静态的影像，而一个隐喻却提供了一个概念框架。[②] 隐喻在英语教师信念研究中的应用有助于促进社会、学校及家长等对教师教学理念与教学实践的认识，与此同时还能促进教师对自身角色、专业成长的认识。例如，海伦·多纳休（Helen Donaghue）认为隐喻就是探究教师信念的一种重要途径，[③] 而艾斯琳·利维（Aisling M . Leavy）等在 2007 年指出可以通过隐喻的建构来检查、批判和完善教师关于教与学的信念。可见，隐喻在教师对教与学本质的认识与反思上起着重要的作用，它能够在教育理论知识以及个人信念间建立起联系，探索教师个人教学实践背后隐蔽着的观念。[④]

1. 隐喻的界定

什么是隐喻？隐喻是个希腊词语，它最初的意思是转移[⑤]。语言学家乔治·莱考夫（George Lakoff）和哲学家迈克·约翰逊（Mark Johnson）认为隐喻是用另一事物来表示对一个事物的理解与体验；[⑥] 而在当代的隐喻理论中，

---

① 李福印 . 研究隐喻的主要学科 [J] . 四川外语学院学报，2000（4）：44–49.

② SHUELL T J. Teaching and learning as problem solving [J] . Theory into Practice, 1990, 29 : 102–108.

③ DONAGHUE H. An instrument to elicit teachers' beliefs and assumptions [J] . ELT Journal, Oxford University Press, 2003, 57（4）：344–351.

④ LEAVY A M, MCSORLEY F A, Bot L A. An examination of what metaphor construction reveals about the evolution of pre-service teachers' beliefs about teaching and learning [J] . Teaching and Teacher Education, 2007, 23 : 1217–1233.

⑤ FENWICK T. Adventure Guides, Outfitters, Firestarters, and Caregivers: Continuing Educators' Images of Identity [J] .Canadian Journal of University Continuing Education, 2000, 26（1）：53–77.

⑥ LAKOFF G, JOHNSON M. Metaphors we live by [M] . Chicago and London: University of Chicago Press, 1980 : 5.

他们把隐喻看成通过另一概念域（原始域）来理解一个概念域（目标域）。1993 年，乔治·莱考夫进一步指出隐喻作为一种精神活动，它使人们可以通过已知领域来了解未知领域，从而使得一些概念在人们的头脑中隐喻性地构建。[①] 两位学者的研究开启了隐喻的认知理论，使得更多的研究致力于探索隐喻与观念、思想之间的联系。

卡罗尔·赫伦（Carol Herron）认为隐喻的使用可以揭示两个实体之间共同的因素。[②] 由上述可知，使用隐喻的最终目的是达到对某一事物更好的理解。隐喻中的两个事物必然存在某些相似之处，且其中的一个事物应是较为简单或人们所熟知的。汤姆林森（Tomlinson）等人认为隐喻是通过一个熟悉的对象或事物来阐明一个更为复杂的对象或事物的特征。[③] 正如歌里唱的"爱情就像玫瑰"，玫瑰虽然很美但有刺，一不小心就会被刺伤；爱情虽然很迷人，但也存在危险。与此相似，在奥托尼（Ortony）和凡西尔贝（Fainsilber）看来的隐喻应是一种类似物，这种类似物能够使人们对复杂的事物或新的情境有所了解。[④] 在对各个学者观点进行梳理的基础上，笔者认为隐喻是一种思维认知方式，也是一种社会现象，隐喻中的两个对象具有某些相似性和关联性，通过人们所熟悉的、具体的某一对象，在具体的语境中形成对另一对象的抽象而复杂的认知。

---

① LAKOFF G. The contemporary theory of metaphor［M］// Ortony A. Metaphor and thought. Cambridge: Cambridge University Press, 1993 : 4-50.

② HERRON C. Foreign-Language Learning Approaches as Metaphor［J］. Modem Language Journal, 1982, 66（3）: 235-242.

③ OXFORD R L, TOMLINSON S, BARCELOS A, et al. Clashing metaphors about classroom teachers: toward a systematic typology for the language teaching field［J］. System, 1998, 26（1）: 3-50.

④ ORTONY A, FAINSILBER L. The role of metaphors in descriptions of emotions［J］. Theoretical issues in natural language processing, 1989 : 181-184.

2. 隐喻的作用

乔治·莱考夫和迈克·约翰逊在 1980 年提到，如果人们的认知系统在很大程度上是隐喻性的且这个假设是正确的，那么人们的思考方式、人们所经历的及每天所做的都是隐喻的，隐喻已经普遍存在于人们的生活。[①] 隐喻到底具有哪些作用呢？他们认为隐喻扎根于主观经验、情感以及想象。隐喻可以帮助人们通过另一类事物来理解经历某一类事物，使人们的生活变得更有秩序，使身边的事物变得有意义。

麦科马克（MacCormac）认为，人们为了描述未知的事物就必须借助于所知道和了解的概念，而那就是隐喻的本质——把熟悉和不熟悉的事物联系起来。[②] 汤姆林森（Tomlinson）等也指出，通过隐喻在抽象概念以及人们所熟悉的、具体的和可视的事物之间建立联系，可以简化多元的教学风格和课程理论。[③] 隐喻可以起到桥梁的作用，帮助人们认识复杂、难以理解的事物。卡特（Carter）指出那些通过文字书写难以呈现的观念和想法可以通过隐喻来解决[④]。无独有偶，有学者也认为当人们需要理解一些深奥的、抽象的、新奇的或需要高度推理的事物时，就需要借助隐喻。[⑤] 此外，有学者把隐喻应用于语言教学归于三个方面的原因：①隐喻可以帮助人们表达书面语言所不能表达的东西；②隐喻可以使复杂经历更好地被理解，并使其更富有意义；③

---

① LAKOFF G, JOHNSON M. Metaphors we live by [M]. Chicago and London: University of Chicago Press, 1980: 3.

② MACCORMAC E R. A cognitive theory of metaphor [M]. Cambridge, MA: MIT Press, 1990: 9.

③ OXFORD R L, TOMLINSON S, BARCELOS A, et al. Clashing metaphors about classroom teachers: toward a systematic typology for the language teaching field [J]. System, 1998, 26 (1): 3-50.

④ CARTER K. Meaning and Metaphor: case knowledge in teaching [J]. Theory into Practice, 1990, 29 (2): 109-115.

⑤ YOB I M. Thinking constructively with metaphors [J]. Studies in Philosophy and Education, 2003, 22: 127-138.

隐喻可以比书面语言更为生动地表达想法。^① 总之，隐喻的使用有助于人们更好地理解陌生、抽象和复杂的事物。塞班等人则指出，隐喻能够起到透镜、银幕和过滤器的作用。在隐喻的句式表述中不仅表达了某一个体或事物像什么，而且蕴含着人们对该个体或事物的期待。整体而言，隐喻在教学和教师教育中具有作为专业思想的蓝图、作为教师专业角色认同的原型、作为教学的策略、作为研究的工具等十大功能。^②

3. 隐喻与教学

随着认知心理学的发展，隐喻与教学的研究成为国外学者热衷的话题。隐喻自身没有证明或阐明任何新的事物，但它却可以让人们从一个新的视角看到人们正在做什么或经历什么，并在深入理解教育工作者关于教与学的思考及论断中扮演着重要角色^③。许多学者通过隐喻来探讨不同教育哲学视角下的教学，从而对教学活动以及教学过程中的教师、学生的角色有更好的理解。马丁内斯（Martinez）等人通过对他人研究的总结，得出隐喻的三种视角：一是行为主义、经验主义视角，这种观点把教师看成知识的传授者，而学生是被动的接收者，知识是通过形成联系或细化任务发展的；二是认知、建构主义视角，这种观点认为学习是学习者积极主动构建的，教师是促进者，学生是主动构建者；三是情境、社会历史视角，该视角强调学习的情境性，认为

---

① GIBBS R W. The poetics of mind［M］. Cambridge, UK: Cambridge University Press,1994. Fainsilber L，Ortony A.Metaphorical uses of language in the expression of emotion［J］. Metaphor and Symbolic Activity, 1987, 2（4）: 239-250. Ortony A. Why metaphors are necessary and not just nice［J］. Educational Theory, 1975, 25（1）: 45-53.

② Saban A. 隐喻在教学和教师教育中的功能［J］.上海教育科研, 2010（10）: 16-20.

③ Saban A. Prospective teachers' metaphorical conceptualizations of learner［J］. Teaching and Teacher Education, 2010, 26（2）: 290-305.

知识是在具体的情境中建构起来的。[①]

有学者在对相关研究进行分析的基础上对该研究进行了拓展和补充。如库克·萨瑟（Cook-Sather）探讨了美国早期学校教育两种主流的隐喻。一种是将教育看成生产，从而引出了一系列的隐喻，如学校是工厂，教师是工人，课程是生产线，学生是产品；另一种将教育看成治疗，如学校是医院，课程是药方，教师是医生，学生是病人。他认为在这两种隐喻中学生的个体需求被忽视，其主动性没有得到发挥，因而学习失去了意义。[②] 在艾斯琳·利维（Aisling M. Leavy）等人的研究中，则把教师看成北极星，引领探索者（即学生）。[③] 在这个过程中，教师提供指南针（课程等）帮助学生，而学生也可以通过自己的想法发现"新大陆"（新知识），教师的积极引导与学生的主动建构在这里都得到了体现。从相关学者的研究中不难发现，隐喻与教学是密切相关的，把隐喻应用于教学中已成为研究的热点。

（三）隐喻视角下教师信念研究的主要方法及内容

贝利（Bailey）和纽曼（Nunan）认为在教育领域，或者行为或社会科学领域，个人观点通常是通过叙事的形式来表达的，从而反映个人的心声。这些心声通常是通过隐喻的语言来呈现的。[④] 隐喻对研究教师信念，促进教师

---

① MARTINEZ M A, SAULEDA N, HUBER G L. Metaphors as blueprints of thinking about teaching and learning [J]. Teaching and Teacher Education, 2001, 17（8）: 965–977.

② COOK-SATHER A. Movements of mind: The Matrix, metaphors, and re-imagining education [J]. Teachers College Record, 2003, 105 : 946–977.

③ LEAVY A M, MCSORLEY FA, BOTE LA. An examination of what metaphor construction reveals about the evolution of pre-service teachers' beliefs about teaching and learning [J]. Teaching and Teacher Education, 2007, 23 : 1217–1233.

④ BAILEY K, NUNAN D. Voices from the Language Classroom : Qualitative Research in Second Language Education [M]. New York : Cambridge University Press, 1996.

的教与学具有重要意义。在教育系统中工作的人必须对他们内隐的概念有所意识，这样可以使他们为教与学创造更适宜的环境[①]。

1. 主要研究方法

教师信念的内隐性使隐喻成为研究教师信念的重要途径。研究者如何通过隐喻进行研究？有研究者认为获取隐喻信息的方法是通过交流或书写（比如访谈或个人叙事），抑或通过一个及时的隐喻思考或在是否认同"A 就像 B"这种结构的题中表态。[②]

整体而言，国外学者有的采用了质性的研究方法，即通过访谈为教师表达自己的观点创造条件；抑或采用叙事研究、个案研究及反思日志等形式来探究教师的信念。莫泽（Moser）认为，隐喻分析是一种质性研究的方法，它使研究者能够对每个隐喻概念后隐藏着的信念进行确认、探索、归类及讨论。[③] 在一些学者看来，与教学有关的隐喻更多的是通过叙事案例研究来获得的；且凯尔克特曼（Kelchtermans）等人便用这种方法研究教师自身的"主体教育理论"和无助感。[④] 此外，汤姆林森等人则主要通过学生、已毕业的学生以及教师写的关于教师的个人叙事研究来探究与课堂教师有关的隐喻。研究认为，教师和教学的隐喻可以归为四种不同的哲学视角：社会秩序、文化传递、学习者中心的成长以及社会变革，并分析了不同视角下的隐喻与教

---

① CAMERON L. Metaphor in educational discourse［M］. London: Continuum, 2003.

② WAN W, LOW G D, LI M. From students' and teachers' perspectives: Metaphor analysis of beliefs about EFL teachers' roles［J］. System, 2011, 39 : 403-415.

③ MOSER K S. Metaphor analysis in psychology : Method, theory, and fields of application［J］. Forum: Qualitative Social Research, 2000, 1（2）: 21.

④ KELCHTERMANS G, VANDENBERGHE R, SCHRATZ M.The development of qualitative research: efforts and experiences from continental Europe［J］. Internation Journal of Qualitative Studies in Education, 1994, 7（3）: 239-255.

师教学的关系。^①此外，有学者还通过对参与研究的人员进行分组讨论来获取有关教师信念的隐喻。还有研究者对 20 所高校的英语教师以及 20 个语言机构的教师进行研究，让他们进行小组讨论，就教师怎么认识理想和现实的教与学的情境进行表述：教师像什么／教师应该是什么；学生像什么／学生应该是什么。^②

近些年来，学者把质性和量化的方法相结合，使得研究方法多元化。通过事先的访谈收集关键信息，进而设计问卷进行较大规模的问卷调查，并采用相关软件（如 SPSS 等）进行数据分析。在数据收集、处理的基础上，再进行相关的质性分析，得出相应的结论。迈克尔（Michael）和凯特琳娜（Katerina）为研究教师信念，尤其是教师关于自身角色的信念展开了相关研究。在研究的起始阶段，他们通过访谈获取问卷内容信息并把问卷分为两部分：第一部分是对已有关于教师隐喻的选择题；第二部分是三道开放式试题。问卷结果显示，有关教师角色的隐喻有父母、朋友、表演者、平衡者、守护者、研究者、反思者。^③值得一提的是，国外不少研究者对教师教育学生的教师信念进行相关的调查研究，希望通过这样的研究为教师教育教学改革提供启示，从而促进职前教师的专业发展。^④

① OXFORD R L, TOMLINSON S, BARCELOS A, et al. Clashing metaphors about classroom teachers: toward a systematic typology for the language teaching field［J］. System, 1998, 26（1）: 3-50.

② PISHGHADAM R, TORGHABEH R A, NAVARI S. Metaphor Analysis of Teachers' Beliefs and Conceptions of Language Teaching and Learning in Iranian High Schools and Language Institutes: A Qualitative Study［J］. Iranian EFL Journal, 2009, 4: 6-40.

③ MICHAEL K, KATERINA M. Exploring Greek Teachers' Beliefs Using Metaphors［J］. Australian Journal of Teacher Education, 2009, 34（2）: 54-83.

④ ROBERT V. BULLOUGH JR, DAVID K. Stokes. Analyzing Personal Teaching Metaphors in Pre-service Teacher Education as a Means for Encouraging Professional Development［J］. American Educational Research Journal, 1994, 31（1）: 197-224. Saban A. Prospective teachers' metaphorical conceptualizations of learner［J］. Teaching and Teacher Education, 2010, 26（2）: 290-305.

2. 主要研究内容

（1）教师隐喻的作用

不少学者指出，通过对教师隐喻的研究，可以更好地理解教师信念，从而对教师的教与学有更加深刻的认识。芒比（Munby）指出，理解教师思想实质性内容的有效方式是关注教师自身表达出来的隐喻，因而他认为关注教师隐喻是理解教师思想的一种卓有成效的方式。[①] 这种方式甚至被看成一种强有力的工具，教师通过它可以更为完整地表达教师对自身所做事情的意义，并对如何成为一名合格的教师有更为清楚的认识。[②] 在莫斯特（Mostert）看来，教师隐喻能够唤起或激发教师自身来发现无法直接获取的联系或信息。隐喻可以使教师与教学保持一定的距离，以观察者的立场审视和反思他们自身的教学实践过程，从而使模糊（隐性）的认识变得清晰。同时，隐喻能够缩小理论与实践的差距。[③] 此外，有不少学者认为影响教师教学实践的，即关于教与学的信念可以通过隐喻得以表达。通过教师隐喻，教师不仅可以对自身的教与学有更清晰的认识，同时，他们也可以更全面地认识他们的学习者。[④]

当前，对于教师隐喻的研究对象不仅是在职教师，也包括职前教师；不仅包括学校教育系统内的教师，而且包括相关教育机构的教师。对教师隐喻的研究，可以为教师专业发展、教师准备及学校的教学改革等提供启示。[⑤]

---

① MUNBY H. Metaphor in the thinking of teachers: an exploratory study［J］. Journal of Curriculum Studies, 1986, 18（2）: 197-209.

② PROVENZO E F, MCCLOSKEY G N, KOTTKAMP R B, et al. Metaphor and meaning in the language of teachers［J］. Teachers College Record, 1989, 90（4）: 551-573.

③ MOSTERT M P. Personal teaching : Puzzles, images, and stories for professional reform［J］. Preventing School Failure, 1992, 36（4）: 16-19.

④ STOKES D. Analysing the continued efficacy of teaching metaphors in the first year of teaching［C］. Newcastle : The Australian Association for Research in Education（AARE）Annual Conference, 1994.

⑤ BREAULT R A. Finding the Blue Note : A Metaphor for the Practice of Teaching［J］. The Journal of Educational Thought, 2006, 40（2）: 159-176.

（2）隐喻与教师角色认识

有研究者在一项关于教师信念的调查研究中提到，隐喻的一个区别于其他形式研究的主要功能在于它可以不通过直接的问题获得有关参与者的见解和态度。在他们看来，教师信念是内隐的，通过隐喻可以使这些内隐的知识外显化，隐喻的运用使教师对自身角色的信念更为清晰。在他们的调查中，不同哲学视角下对教师角色认识的隐喻也不尽相同。从行为主义/实证主义的视角看，隐喻反映出来的教师是知识的传递者，而学习者是被动的接收者；从认知主义/建构主义的视角看，教师被看成促进者、教练，而学生是积极主动的知识建构者；从情境/社会历史视角看，隐喻注重学习者与外在的物质世界进行互动。在强调社会情境性时，教师可以被看成北极星，引领探索者（即学习者）在旅途中前行。教师和学生是合作的关系，是类似于导游和旅游者之间的关系。[①]

还有学者提出有关教师角色的十大隐喻，即教师是知识的提供者、塑造者、引导者、参与者、促进者、表演者、服务者、组织者、传播者和合作者。[②] 此外还有学者对教师角色的相关隐喻进行归类，得出了关于教师角色隐喻的六大视角：①塑造导向的隐喻（如雕刻家、工匠）；②促进导向的隐喻（如指南针）；③知识传递导向的隐喻（如喷泉）；④顾问导向（如朋友）；⑤合作导向（导游）；⑥成长导向（园丁、花匠）。[③] 对教师角色认识的不同，可以折射出教师不同的教学观念，也必然会影响教师关于教学、学习者角色、

① PISHGHADAM R, TORGHABEH R A, NAVARI S. Metaphor Analysis of Teachers' Beliefs and Conceptions of Language Teaching and Learning in Iranian High Schools and Language Institutes: A Qualitative Study [J]. Iranian EFL Journal, 2009, 4 : 6-40.

② SABAN A, KOCBERKER B N, SABAN A. Prospective teachers' conceptions of teaching and learning revealed through metaphor analysis [J]. Learning and Instruction, 2007, 17 : 123-139.

③ SABAN A. Prospective teachers' metaphorical conceptualizations of learner [J]. Teaching and Teacher Education, 2010, 26（2）: 290–305.

学生等的认识。笔者认为，不管是在职教师还是职前教师，只要端正他们对教师角色的认识，对其专业化发展都起着重要作用。

（四）隐喻视角下教师信念研究已取得的进展与不足

目前，国外有许多学者在探索通过隐喻来研究教师信念，并且在某种程度上取得了不少成果，对人们及教师自身认识教与学起到了较大的促进作用。有学者通过教师隐喻来了解职前教师对知识、学习及学习者的认识，从而为教师教育提供启示，[①] 如托马斯（Thomas）等人利用隐喻来探究对新教师专业身份认同的理解。此外，阿尔及尔（Alger）通过隐喻来研究教师在整个职业生涯中关于教与学信念的变化。[②] 隐喻使教师信念得以显现，虽然它不能完全解释或揭示教师的真正信念，但却能帮人们更为深入地了解教师的所思所想，也让人们对教师及他们所进行的教学有了更深的认识。

然而，人们必须承认的是，隐喻在教师信念中的研究仍存在不足之处。首先，作为一种研究的途径，隐喻虽然有助于理解事物，但也存在片面性，使人们往往只看到事物的某个属性。芬威克（Fenwick）指出，隐喻经常简化和冻结现实（freeze reality），降低冲突并移除一些复杂的细节来创造一个能够被理解的相关图像。[③] 其次，对隐喻的解释也存在一定的困难。这是由于：①存在多种可能的解释；②有一些事物太模糊和抽象了，以至于难以解释；

---

① KALRAA M B, BHARATI B. Teacher Thinking about Knowledge, Learning and Learners: A Metaphor Analysis［J］. Procedia‑Social and Behavioral Sciences, 2012, 55: 317‑326.

② ALGER C L. Secondary teachers' conceptual metaphors of teaching and learning: Changesover the career span［J］. Teaching and Teacher Education, 2009（25）: 743‑751.

③ FENWICK T. Adventure Guides, Outfitters, Firestarters, and Caregivers: Continuing Educators' Images of Identity［J］. Canadian Journal of University Continuing Education, 2000, 26（1）: 53‑77.

③不同的研究者对隐喻有不同的解释。^① 此外，虽然隐喻有利于引导教师表达他们对教与学的信念，但教师自身的表述并不能代表他们的全部想法。因此，隐喻作为一种研究方法在对语言表述进行分析时还需谨慎。^②

对于，隐喻是不是研究教师信念的最有效最合适的方法，还有待进一步研究。目前，国外学者在开展研究的过程中，其对象既有中小学教师也有学生，研究大学教师的相对较少。我国教师成长的环境不同于国外，影响教师信念的因素也有所不同。因而，我们在参考国外相关研究成果的过程中不能照搬照抄，而应结合我国实际并有选择地进行学习。

二、国内隐喻与教育教学

李森和韩秋莹指出，"隐喻分析是对有关隐喻方面所搜集到的数据进行分析研究，这些数据主要有教师或学习者的书面或口头材料，在非刻意状态下出现的隐喻文本，并以句子内容为研究文本。还有一些研究者使用隐喻图片，或其他手段来研究隐喻。"^③ 在我国，大部分学者更多的是从事关于隐喻的功能、教学隐喻与教师角色的研究。高维和李如密让本科和研究生层次的职前教师和攻读教育硕士专业学位的在职教师进行教学隐喻图的创造，进而了解教师对教学的理解。通过研究发现，教师需要通过创造多个隐喻才能更全面地认识教学。^④ 也有一些学者探讨了隐喻在外语教学中的应用，如隐喻

① LIM C S. Using Metaphor Analysis To Explore Adults' Images Of Mathematics [J]. Philosophy Of Mathematics Education Journal, 1999. GLUCKSBERG S, MCGLONE M, KEYSAR B. Metaphor understanding and accessing conceptual scheme: reply to Gibbs [J]. Psychological Review, 1992, 99（3）: 578-582.

② CALDERHEAD J. Teachers : Beliefs and knowledge [M] //BERLINER, CALFEE R. Handbook of Educational Psychology. New York : Simon and Schuster Macmillan, 1996 : 709-725.

③ 李森，韩秋莹. 西方"隐喻分析"与"教师角色"研究 [J]. 教育评论, 2009,（6）: 166-168.

④ 高维，李如密. 教师教学隐喻图画的比较研究 [J]. 上海教育科研, 2011,（7）: 4-9.

与词汇教学、隐喻与阅读理解教学等。

（一）隐喻的功能

国内不少学者也关注到了隐喻的功能，并将隐喻应用于教育领域。一方面，隐喻可以促进缄默知识的外显化，且使教学的语言更为生动而富有诗性。早在 2003 年，宋晔就指出，受逻辑、理性、科学研究思维的影响，隐喻语言被忽视了。教育隐喻既要有理性认识的抽象，又要有感性认知的生动。[①] 李晶等人指出，隐喻是人类组织经验的工具，它会影响人们看待事物的认知结构的建构。[②] 石中英将人们不能清晰反思和陈述的知识称为缄默知识。这种缄默知识具有不能通过语言、文字或符号等进行详细说明，且不能通过正规形式进行传递的性质。[③] 这为隐喻在教育领域的运用带来了契机。高维指出，教师的个人理论往往处于缄默状态。隐喻可以促进教师缄默知识的外显化，进而促进教师个人自我意识的觉醒和反思。[④] 肖川将教育视为"价值生成"的过程，对教育的表达只能是隐喻性的语言。[⑤] 更有学者指出，隐喻有利于推动教育研究，促进教育反思；隐喻有利于丰富教育教学的语言，赋予教育术语应有的"温度"；隐喻的诗性还有利于塑造青少年的美好心灵等。[⑥]

另一方面，隐喻可以增强主体对教育问题的理解。隐喻不仅可以揭示事物间的相似性，且在多数情况下还可以创造相似性。国内学者主要探讨了教育隐喻、教学隐喻、教师隐喻的功能。高维指出，教育隐喻在教育理论的假

①　宋晔.隐喻语言：一个被忽视的教育范畴［J］.清华大学教育研究，2003（5）：25-29.

②　李晶，吕立杰.隐喻：教师学习经验的认知表征［J］.课程·教材·教法，2018（5）：133-137.

③　石中英.缄默知识与师范教育［J］.高等师范教育研究，2001（3）：36-40.

④　高维.生物学隐喻与教学理论的发展［J］.外国教育研究，2012，39（1）：122-128.

⑤　肖川.教育的隐喻［J］.人民教育，2004（12）：11.

⑥　席晶晶.论教育隐喻［D］.郑州：河南大学，2009：47-55.

设、建构及表述中都发挥着重要的功能。① 高维等人还通过对叶澜先生的98篇学术论文进行梳理，归纳出106个隐喻。他们认为隐喻在叶澜先生的教育理论建构中发挥着重要的认知功能、构词功能、说理功能和文化功能。② 高维还在其学位论文中指出，在过于强调教育的逻辑、理性和科学知识的背景下，教学隐喻的价值越发彰显。隐喻使用具体、生动、形象的事物来类比抽象的教学。因此，教学隐喻能够避免纯粹的概念和逻辑的枯燥与乏味。③ 此外，有不少学者关注了教师隐喻的重要作用。陈桂生指出，教师隐喻是通过借助与教师有相似价值的人或事物显示教师的职能。④ 教师的个人思想、教学经历和教学智慧可以通过隐喻反映出来。隐喻是教师实践性知识外显化的一种重要途径。⑤ 李晶等人认为，教师学习经验的认知获得是在真实的情境中以隐喻的方式存在的，因此借助隐喻是教师学习经验的认知表征。⑥

（二）隐喻与教师角色

教师是教学的主导，他们在教育教学中往往扮演着多种角色。国内不少学者也对教师隐喻展开了较为深入的研究，如李科《角色神圣与符号暴力：传统教师隐喻的价值分析》（2013）、何宏勇《建国以来教师隐喻的历史考察（1949—2013）》（2014）、黄丽娜《高中英语教师职业认同的隐喻研究》（2015）、戴丹妮《〈人民日报〉中的教师形象及其演变研究》（2019）等；丁

---

① 高维.隐喻的认知功能及其教育学意蕴［J］.教育学报，2015，11（1）：21-27.

② 高维，郝林玉.教育隐喻与理论创新:叶澜先生教育思想中的隐喻研究［J］.基础教育，2009（1）：5-62.

③ 高维.论教学隐喻［D］.南京：南京师范大学，2013：105.

④ 陈桂生.师道实话［M］.上海：华东师范大学出版社，2004：10.

⑤ 刘毛毛，宋改敏.职业院校教师隐喻性实践性知识运用的研究［J］.职教论坛，2019（11）：82-82.

⑥ 李晶，吕立杰.隐喻：教师学习经验的认知表征［J］.课程·教材·教法，2018（5）：133-137.

炜基于隐喻对传统社会、现代社会和信息社会的教师形象，即蜡烛论、工程师论和园丁论及导航者论展开了探讨[①]；陈卓认为传统教师隐喻遮蔽了教师的主体性，倡导应将教师视为多重生态下的生命者、个体生态的主导者与群体生态的协调者。[②] 可见，不同教师隐喻往往反映了人们对教师作用的不同认识，如陈向明对"工业模式""农业模式""桶论"和"蜡烛论"四种隐喻下的教师作用展开了具体的分析。这四种隐喻分别强调了教师的主导作用、辅助作用、教师在知识方面的储备和教师的献身精神。[③] 每种隐喻都关注到了教师职业某一方面的特点，但并不全面。此外，教师角色反映了某个阶段社会对教师的要求和期待。不同历史时期，人们对教师角色的认识可能会发生变化。何宏勇将 1949 年至 2013 年这段历史划分为四个阶段，不同阶段不同的教师隐喻反映了当时社会对教师形象的判定和期望。[④] 徐琳也指出，传统的教师隐喻，如奉献牺牲者、知识传递者和技术熟练者等所倡导的教师形象已不适应时代的发展，应进行重构，应转变为自我实现者、文化传承者和专业发展者的教师形象。[⑤] 刘俊娉则通过教师隐喻的变化探究教师角色的变化，即从静态到动态、从单一到多元、从机械到人文、从无私奉献到多赢共生等。[⑥] 不少学者还基于隐喻的视角开展实证研究，如常海潮探究了英语学习者视角下的教师角色，即从类别上看，主要包括民主类、专制类和放任类；从类属上看，主要包括支持者、服务者、导游、指挥者、选手、工具、培育者、灯

① 丁炜.从对教师的隐喻性陈述看教师形象之变迁［J］.教育评论，2001（3）：4-6.

② 陈卓.传统教师隐喻及教师角色的转变：基于教育生态学的视角［J］.现代教育科学，2017,6（6）：55-58.

③ 陈向明.教师的作用是什么：对教师隐喻的分析［J］.教育研究与实验，2001（1）：13-19.

④ 何宏勇.建国以来教师隐喻的历史考察（1949—2013）［D］.上海：华东师范大学，2014.

⑤ 徐琳.基于教师隐喻视角的教师形象重构［D］.长春：东北师范大学，2011.

⑥ 刘俊娉.从教师隐喻的变化看教师角色转变［J］.基础教育，2008（4）：34-36.

塔、表演者、制造者等。[①] 刘熠也采用隐喻分析的方法对 31 位大学英语教师的职业认同进行了研究，发现隐喻的类别主要有参与的领导者、知识的提供者、培育者、协调者、帮助者和朋友等。[②] 此外，国内一些学者还通过创作教学隐喻图、完成"教师像什么"的完型句子、填写开放性隐喻问卷、选择隐喻选项或写出自己认同的隐喻句等探究教师的身份认同。曹骏驰对此进行了梳理，并通过调研归纳了隐喻视角下师范生职业身份认同的四种类型，即"领头羊"型、"演员"型、"混饭者"型和"羡鱼者"型；研究还发现，是否有实习经历与师范生职业身份认同不存在显著性关联。[③]

还有一些学者借助隐喻，通过问卷设计结合访谈探究教师信念。于善萌通过编制隐喻量表对入职三年以内教师入职前后的教师信念展开问卷和访谈调研，她在研究中发现，相比于入职前，教师入职后对以教师为中心的教学隐喻的认同感增加，对以学生为中心的教学隐喻的认同感仍较高，因此，她认为小学教师入职后的教学隐喻具有兼容性和混合性。[④] 程一则基于隐喻的视角从课程、教学、学生管理、学生学习和评价五个方面编制问卷探究中学英语教师信念，他在研究中发现，多数受访对象的教师信念和新课标的理念一致，但在不同维度上的倾向性存在差异。[⑤] 乔澜通过问卷调查和深度访谈探究高中英语教师信念，得出了类似结论且其在研究中指出，高中英语教师的整体信念是开放而积极的。[⑥] 国内对教师自主学习信念进行研究的很少，但一些相关研究可以为本研究提供一定的启示，如有研究者就通过让学生对"英

---

① 常海潮.英语学习者视角下的教师角色：基于隐喻分析的实证研究［J］.英语教师，2011（7）：20-26.

② 刘熠.隐喻中的大学公共英语教师职业认同［J］.外语与外语教学，2010（3）：35-39.

③ 曹骏驰.基于隐喻的师范生教师身份认同［D］.沈阳：沈阳师范大学，2015.

④ 于善萌.教学隐喻视角下小学教师教学信念研究［D］.天津：天津师范大学，2019.

⑤ 程一.教师隐喻视角下汉中市中学英语教师信念研究［D］.汉中：陕西理工大学，2017.

⑥ 乔澜.教师隐喻视角下的高中英语教师信念调查研究［D］.呼和浩特：内蒙古师范大学，2019.

语学习是……""我的英语学习是……""一个优秀的英语教师是……"等句子的表述获取非英语专业学习者的学习信念。[①]

我国教师培训已有较长的历史，但人们更多的是关注在职教师和准教师的发展，而对教师教育却没给予足够的重视。教师教育的高质量是培养一批优秀教师队伍的强有力的保障，在今后的研究中可以加强对教师信念的研究，从而为教师教育教学提供相应的借鉴。此外，可以把研究对象扩大到大学教师。大学教师的发展是影响高等教育质量的关键因素，对大学教师信念的探究有助于促进大学教师的专业化发展。当前，大部分研究较为关注的是教师关于自身角色、学生角色、教学的信念，而较少关注教师关于课程、知识、学科等的信念，所以，在当前国内外学者开展研究的过程中，一般是针对某个阶段的教师和学生进行，较少涉及不同阶段的同步研究。当然，这些可以在今后的研究中适当拓展。

本章小结

本章主要是对国内外关于自主学习、隐喻与教师信念的研究理论进行梳理。

20 世纪 80 年代就有学者把自主学习引入外语教学，认为自主学习要求学生更多地为自己的学习负责。国外学者从学生自主学习应负责的范围、认知、动机、行为、策略等维度来认识自主学习以及自主学习的特征，教师理论联系实际的能力、自身的专业素质、学生学习目标的设立、自主学习策略的训练、教师给予学生的反馈等会影响学生的自主学习。国内学者对自主学

---

① 郑洪波.非英语专业学习者学习信念研究：隐喻分析法［D］.上海：上海外国语大学，2007.

习的研究更多的是实践层面的探讨，有关理论研究与实践相比则较少。多数教师对自主学习尚未形成清晰的认识，但普遍希望学生能够积极、主动地参与学习。

自主学习视域下的教师信念是教师关于教与学的本质认识。在已有的研究中，国外学者对教师信念的体系、影响因素、重要性等进行了探讨。虽然教师信念会对教师的教学产生重要影响，但教师信念具有内隐性且难以用外在的工具进行测量。近年来，越来越多的学者尝试运用隐喻的方法来研究教师信念。隐喻是一种修辞手法，也是一种研究方法，它能够以间接的方式了解教师行为背后的思想。学者通过访谈、叙事研究、个案研究、反思日志、问卷调查等形式来探究教师信念，以利于教师对教学及自身角色等有更全面的认识。当然，隐喻作为一种研究方法也有局限性，在运用的过程中还需谨慎。国内对隐喻在英语教学中的应用主要集中在隐喻与词汇教学、隐喻与阅读理解教学、隐喻与英语教师角色等方面，然而把隐喻作为一种研究方法探究英语教师自主学习信念的却很少。

第三章　自主学习视域下的高中英语教师信念

英语是高考中的一门重要科目。高中生为了能够进入心仪的大学必然十分重视英语的学习，因此，高中英语教师面临着升学率的压力，他们对学生的自主学习持相对谨慎的态度。

第一节　相关背景

高中英语教师在高考的压力下是否愿意"放权"或能够在多大程度上"放权"，决定了学生的自主学习能力水平如何，不同的学校对此存在较大差异。虽然高中英语教学在高考的指挥棒之下少不了"应试教育"的成分，但是本研究中的部分大学教师表示现有的一些高中英语教师在教学创新、促进学生自主学习方面做得不错。

本书选取某外国语学校（高中）的英语教师作为研究对象。该校创立于1981 年，原名"某英语中学"，现有教学班 96 个（含 4 个少数民族班），在校生达 4800 多人。该研究校不仅作为某省一级达标中学，而且具有 20% 的应届毕业生保送重点大学的名额。近五年来该学校的学子考上清华大学、北京大学、香港大学的总数超过了 200 人，居全省之冠。该外国语学校坚持小班教学，同时开设外语辩论、外语戏剧及中外文化比较等特色课程，在与受访教师交流的过程中得知，该校为学生开展了丰富多彩的课余活动，如外语节、模拟联合国、英语演讲比赛等。同时，受访教师普遍认为在参与活动的过程中，学生的自主性能够得到较为充分的体现和发挥，且他们的综合素质得到了提高。

一、高中生自主学习情况调查

在前期调研中，笔者对这所外国语学校高中三个年级共 250 名学生进行了问卷（见附录 1）调查。此次调查回收有效问卷 225 份，有效率 90%，其中男生 89 名，女生 136 名。与此同时，本研究对问卷的 1～8 项进行了信度分析，所得的 cronbach's α 信度系数为 0.899。由于问卷的最后两项主要在于获取一些相关信息，不作为体现学生自主学习能力的标准，因此不计分。第 9 项"我学习英语主要是为了在考试中取得高分"选择同意或非常同意的学生各有 59 名和 70 名，超过回收问卷人数的一半，另有 28 人表示不确定。由此可见，在考试中取得高分是大部分高中生英语学习的主要动机之一，这在一定程度上反映了高中的应试教育倾向。在第 10 项"我常常把教师当作权威"中，46.2% 的学生表示同意或非常同意，而有 38.9% 的学生表示不同意或非常不同意。由此可知，在多数学生心目中教师占有重要的地位。高中生正处于生理和心理成长的关键期，他们的思想观念尚未发展成熟，更倾向于把教师当成权威。虽然这两项都难以说明学生是否具备较好的自主学习能力，但可以在一定程度上反映影响学生学习的主要动机、学生对教师的认识。整体而言，从学生对他们自身学习情况的评价看，他们的自主学习能力较强（见表 3-1）。

表 3-1　某外国语学校（高中）学生在各题项上的得分均值

题项	1	2	3	4	5	6	7	8	总计（均值）
均值	4.12	3.72	3.25	3.76	3.92	3.86	3.77	3.96	3.79

在 8 个题项上，学生总的平均值是 3.79，而某大学（本书的另一个案例学校）学生的平均值是 3.26（见第四章）。由表可知，学生在各题项的得分均在 3 分以上，对题项中的表述较为赞同。从题项 1 看，该校学生对自身的英语学习有着高度的自我效能感，他们善于利用多种渠道进行英语学习并反思和改善自己的英语学习行为（即题项 5、题项 8）。在第 8 项中，仅有 5.3% 的学生表示不同意或非常不同意。学生能够主动地进行预习和复习，且他们在独立解决学习中遇到的困难方面表现良好（即题项 6、题项 7）。与此同时，学生在各题项的均值随着年级的增加而增大，说明不同年级学生的自主学习能力水平有差异（见表 3-2），其年级越高，学生自认为的自主学习能力水平越高。进行单因素方差分析，不同年级的学生在第 2、3、4、5 四个题项上差异非常显著（P＜0.01），在第 8 个题项上差异显著（P=0.013），而在其余选项上差异不显著。此外，男女生在各题项的均值都大于 3，且在第 1 个题项中男女生均值都大于 4（见表 3-3）。除了第 7 个题项"我能够独立地解决学习中遇到的困难"男生的均值大于女生外，其余各项的均值均小于女生。这说明在高中英语学习中，女生自认为的自主学习能力在一定程度上比男生强。这可能与女生更为细心、耐心有关。通过单因素方差分析发现，男女生在第 4 个题项上存在显著性差异（P=0.046），而在其余题项上的差异不显著。

表 3-2　某外国语学校（高中）不同年级学生各题项得分均值

年级	题项							
	1	2	3	4	5	6	7	8
高一	3.96	3.33	2.42	3.40	3.73	3.42	3.58	3.69
高二	3.98	3.50	2.86	3.57	3.86	3.75	3.66	3.84
高三	4.23	3.94	3.68	3.95	4.01	4.06	3.88	4.09

表 3-3　某外国语学校（高中）不同性别学生各题项得分均值

性别	题项							
	1	2	3	4	5	6	7	8
男	4.06	3.69	3.09	3.60	3.81	3.80	3.82	3.93
女	4.17	3.75	3.39	3.86	3.99	3.90	3.74	3.97

通过对问卷数据的整理和分析发现：①该校学生整体上自主学习能力较强，学生有着较高的自我效能感以及较为清晰的学习计划，他们能够较为积极主动地参与学习、利用身边的资源、采用多种途径学习英语并通过反思来促进自身的学习。②该校不同年级学生的自主学习能力存在差异，高年级的学生相比于低年级的学生表现出较高水平的自主学习能力。此外，不同年级的学生在学习计划、学习投入时间、独立发现问题以及通过多种渠道学习英语上存在非常显著的差异，在反思和改善自身学习行为和技能上存在显著性差异。③该校不同性别学生的自主学习能力存在差异，女生的英语自主学习能力相对比男生强，但这种差异整体上并不显著。

二、高中英语教师深度访谈

通过对学生的问卷调查整理、分析后获得了关于学生的自主学习信息，那么，从教师的角度看，他们又是如何认识学生自主学习的呢？为此，本研究对某外国语学校（高中）的 10 名英语教师进行了深度访谈（附录 3）。相关受访教师信息见表 3-4。

表 3-4　某外国语学校（高中）受访教师信息表

代号	性别	教龄
S1	女	16 年（教研组组长）
S2	女	15 年
S3	男	18 年
S4	女	19 年（某市优秀教师）
S5	男	23 年
S6	女	8 年
S7	女	8 年
S8	男	2 年
S9	男	8 年
S10	女	8 年

　　为了尽量避免对高中教师正常的教学秩序造成干扰，本研究中的访谈主要集中安排在高考之后。由表 3-4 可知，此次访谈对象在性别分布上，共有 4 位男教师和 6 位女教师；在年龄分布上，本研究覆盖了刚积累初步经验的教师（2 年教龄）、经验比较丰富的教师（8 年教龄）以及具有丰富经验的教师（15 年及以上），其中有些教师还是英语教研组组长或曾获得过市优秀教师的称号。访谈对象能够较为全面地为本研究的开展提供事实资料。

第二节　教师对自主学习内涵的认识

　　自主学习是学生终身学习不可或缺的一种能力，它体现了学生在学习中主观能动性的发挥，对促进学生的有效学习具有重要意义。国外学者认为自主学习应是学生在多个维度对自己的学习进行负责。国内高中教师也认为，学生应更多地对自己的学习负责，他们在学习过程中的主体地位没人可以取代。本研究中受访的 10 位高中英语教师虽然对自主学习的内涵没有明确、清

晰的认识，但他们都强调了自主学习的重要性，并结合他们自己的教育教学
实践经历，表达了他们对自主学习的一些理解和体会（见表3-5）。

表 3-5 受访高中英语教师对自主学习内涵的理解

受访教师	对自主学习内涵的理解
S1	不在教师完全控制下的，而是学生在教师指导下进行的学习；教师应给学生一定的时间去完成相应的任务，并在这个过程中为学生提供资源、策略等帮助
S2	教师设置相关任务并为学生提供相关帮助，学生则自己开发、利用资源，依靠自己的力量去完成
S3	学生学习受先天因素影响较大，教师的引导只是其中一部分；学生的学习主要是靠学生自己，教师起的作用不大
S4	教师在课堂上创造一些自主学习的任务，让学生进行小组学习和独立学习，再让学生对学习结果进行展示、对比和讨论，学生在学习的过程中要懂得如何去沟通、要有责任感
S5	以学生为主的学习，教师进行的指点主要是答疑，学生要能自己安排、管理时间，自主学习的一个特点就是各取所需
S6	三个方面：一是课内知识的掌握；二是课外对于英语语言学习活动赋予的时间及一些额外的探索，如英文报纸的阅读、兴趣类或翻译类选修课的开设等；三是学校丰富的外语活动有利于学生交际能力等的提高
S7	学生愿意在课外花多少时间和精力在这门课上面。学校外语节活动中学生的自主学习能力能够得到较好的体现，课堂上主要是教师的指导或给学生一定的时间去进行小组活动、上台做展示（presentation）
S8	学生不能完全脱离教师的指导，但指导的比例可以小一点；教师布置任务让学生自主、自觉完成，并在完成的过程中学生会有一些自己的想法；自主学习体现在两个方面：一个是课堂的参与，另一个就是课后任务的完成
S9	学生根据既有的目标、根据自己的时间安排去做一些任务且最终达成目标；教师进行方向性的指导，主要由学生自己去学；学生的自主学习，如研究性课程的开设、学校外语节活动等
S10	学生有兴趣且自发地做这件事情，他们可以选择时间长短及不同的方式操作，他们要能够对所学的内容按照自己的速度有所掌握；自主学习应是主要由学生自己学，当有需要的时候再找教师；当然，课堂上也有自主学习，但教师还不大敢"放权"

例如，S5教师认为自主学习应是学生发挥主体作用，教师主要起指点、
答疑的作用；学生在学习的过程中要懂得对自己的学习进行规划，合理安排、
利用时间去学习他们需要的东西。

S5 教师说：

　　"以学生为主来学习，教师的指点，主要是答疑。（追问：学生的自主学习包括哪些方面的表现呢？能否举些例子？）比如学生自己到图书馆借书，自己安排、管理时间，自己安排活动。我之前在做一个课题，自编了一个戏剧，给学生一定的时间，规定哪一天由他们来表演。自主学习的一个特点就是各取所需，学生能够根据自身的需要去寻找他们最欠缺的东西。"

　　S6 教师则认为自主学习应包括课内和课外的自主学习。课内不仅指学生在英语必修课堂上知识、技能的掌握，还包括兴趣类、翻译类选修课的学习。而课外，主要是指学生愿意在课外赋予英语学习的时间，包括阅读、欣赏与英语有关的材料以及参与学校丰富多彩的外语活动。

　　S6 教师说：

　　"自主学习首先是学生对课堂的一些知识、技能的训练和理解，这是他个人动因很重要的一个方面。其次是他在课外对于英语语言学习活动赋予的时间，还有一些额外的探索，比如我们学校比较传统的英文报纸的阅读，还开设一些兴趣类的、翻译类的选修课，这些都是对他们比较强大意愿的一个补充。最后是在非教师干预的教学之下，学生自主参与以英语为载体的活动，我们学校有非常丰富的外语活动。"

　　从访谈情况看，高中英语教师比较强调教师对学生学习的指导作用。在受访的教师中有五位教师提到"任务"一词，学生的学习是根据教师布置的"任务"及提供的相应帮助如资源、策略等；通过多种学习方式，如小组学习、个体学习等进行的。在一定程度上，这体现了教师对学生学习大方向上的把握和指导。此外，大多数教师认为学生的自主学习主要体现在课余时间的学习、活动上，如任务完成、课外阅读、外语节活动参与等，而有些教师认为学生的自主学习课内外兼而有之。大部分教师认为学校丰富的社团活动，如外语节、模拟联合国以及周末阅读课、戏剧表演等在促进学生英语自主学习能力方面起到了巨大的作用。当然，基于高考的压力，一些教师也表示活动的开展会受到一定的限制。

需要强调的是，在访谈中并不是所有的教师都认为教师在学生的自主学习过程中起着重要的作用。其中有一位教师（S3）明确表示，学生的自主学习靠的是学生自己，其学习结果的好坏基本上受其基因决定，外在的作用并不大。

第三节　教师对教学及自身角色的认识

高考对于学生及其家庭的重要性不言而喻。英语是一门语言，可以为学生今后的发展创造更多的可能性；但英语也是一门学科，作为一门学科的学习，无论是学生、家长或是教师都无法忽视英语成绩的重要性。虽然高中多数英语教师已经意识到培养学生英语自主学习能力的重要性，但他们在教学过程中还不敢大胆"放权"，高中生的英语学习对教师的依赖性仍较大。

一、教师对教学的信念

教学是在教师的精心备课下进行的，而不是随意开展的活动。教师对教学活动的设计往往会影响其教学的效果。大多数高中教师对教学主线和导向有着清晰的认识，能够对教学的方向进行掌控。在他们看来，教学是有计划或按照教案实施的，但教师无法完全决定教学的结果。因为在教学过程中知识不是一成不变的，而是生成的，有些知识是非预设性的知识。教学应在知识之间建立联系，以促进学生的自主学习。由于学生学习存在个体差异，因此教师教学的效果也会有所不同。不同受访教师对教学的理解如表 3-6 所示。

表 3-6　受访高中英语教师对教学的理解

受访教师	对教学的理解
S1	教学的主线和导向对教师而言是清楚的；教学要根据学生的水平，在不同梯度间建立联系，最终达到三年的总目标；教学是个知识探索的过程，教师不能仅作为学生集体的引导者，而应允许学生个性化的东西存在
S2	教学的大方向教师是可以掌控的，但具体的无法控制；教学不仅是跟已有的知识建立联系，还应不断地生成新的知识；教学就像教师带领学生在知识中旅行，教师可以根据自己之前的经历为学生提供相关建议
S3	教学是有一定计划和标准的，是个较为复杂的过程；教师能否决定教学取决于学生是否信任教师；教学要能在各个方面的知识间建立联系，引申并启发学生；教学并不是一个轻松的过程，教师需要进行监督而不是"放养"
S4	相同的教学由于学生个人水平的不同，效果也可能不同；学生是发展变化的，教学中会有不可预测的东西；教学要能够帮助学生在新旧知识之间建立联系；教师要给学生一定的期望，激发他们的求知欲；最理想状态是师生参与共同商讨的教与学
S5	教学需要教师能够融会各个方面的知识；教学效果关键在于学生自身水平的高低，教师通过教学帮助学生开阔视野，教师起着帮助者和引导者的作用；在这个过程中要允许学生个性化的需求，不能局限于共同的教学目标
S6	教学要能激发学生学习的兴趣；教师自身要能够熟悉教学，对学生进行引导
S7	教学是有规律的，教师要有计划、有目标地进行；教师对教学要有所预期；教师要在教学材料之间建立逻辑联系，以利于学生接受知识；由于学生存在个性差异，因此教学效果也会有所不同
S8	教学主要是让学生掌握基础知识，并将知识以浅显的方式教给学生；教学具有目的性和方向性，教师能够在大方向上把握学生的学习；教学不能局限于教材，它需要教给学生各个方面的知识并在知识间建立联系
S9	教师按照一定的目标进行教学。教学效果与预期的目标比较一致。教学不是孤立的现象，知识之间是相互联系的
S10	教学按照教案进行，对于教学中出现的非预期事件应理性对待。教学要在不同的知识间建立联系，学生才能有更好的概念框架。教师教，学生学。学生自身水平会影响教学的效果

由于教学中存在不可控因素且学生是具有独立思想的个体，因此教师们普遍认同一个观点，即教师无法完全决定教学的结果，然而这并不否认教师的作用，教师可以在大方向上把握教学。在访谈中，S2 教师认为教师在教学的过程中应尽可能考虑周全，所以这就要求教师做好课前准备工作。

S2 教师说：

"我觉得在教学中，教师不能完全决定会发生什么，但也不是完全不可控制的。我们是把该想到的问题都想到，（以此）控制大的方向，但具体的细节肯定是不能控制的。"

知识之间是有内在联系的，教学要能够帮助学生在新旧知识之间建立逻辑联系，以利于学生对所学的知识有更好的理解。有的教师甚至认为知识也在不断地发展变化，教学还应不断地生成新的知识，引发学生进行深层次的思考。教师教学已不再局限于教材的传授，而应帮助学生在新旧知识之间建立联系。由于学生的个体差异，因此教学的效果也会有所不同。教师在教学的过程中应为学生提供方向、方法等的指导，这些无疑对教师自身的素质提出了更高的要求。在教学的内容上应正确认识教材的作用，同时根据课标适当补充教材的学习资料。如 S8 教师认为在英语教学中，应以课本为主线，融会各方面的知识，才能更好地促进学生学习。

S8 教师说：

"教学不仅仅是教材的传授，还有其他各方面知识的传授。各方面的知识也是教学内容的一部分，要教给学生的话就要尽可能地跟课本这条主线联系起来。我在教学的过程中会补充一些与主题相关的材料并把它们串联起来。"

此外，教师和学生是教学活动中的两大主体，两者需要相互配合。教学的总目标是一致的，但在这个过程中也应允许学生个性化的存在。教师在教学中要能兼顾学生的普遍需求和个性化的学习需求。如 S5 教师虽然认同教学活动的开展需要教师和学生共同完成，但他并不完全认同教师是学生"集体的引导者"这种说法。在他看来，教师对学生的引导也应注重学生的个体差异。S7 教师认为教学就像在种植树木，教师就像园丁。树有主干，就像教学会有主要目标一样，学生会根据这些目标进行学习；与此同时，树还有各个枝丫，学生会有各个方面的兴趣、爱好等，这些体现了他们的个性差异。教学应尊重学生的个性差异，并尽可能地为学生的发展提供有利的条件。在教学的过程中，教师可能会发现学生出现了某些方面的问题，这个时候教师应帮学生克服、解决。

S5 教师说：

"我并不完全认同教师是学生'集体的引导者'这种说法。A 有 A 的想法，B 有 B 的想法，A 想去一个地方，B 想去一个地方，因此教师不能把所有的人引到一个地方，这样就缺少个性化。但的的确确如果是一次旅行的话，教师起的作用只能是引导者。从实践的角度来看，就是教师伴随学生一起走过，在这个过程中学生、教师必须学习各种各样的东西，开阔视野，旅行也是这样的。"

S7 教师说：

"我画了一棵树（如图 3-1 所示）。教师就像园丁，如果树想长成一棵具有景观效果的树，不是野生的话，是需要我们去修剪的。这样，学生才能知道往哪个方向生长。主干是学生学习的主要目标，枝丫是学生的兴趣爱好、个人思维的发展等。每个人的思维方式都是不同的，接触的人也不同，这些都是可以概括的。如果有些人发展的方向偏离了正常的轨道，那么就需要有人帮他修剪一下。"

图 3-1　S7 教师的教学隐喻图

虽然大部分教师认同教学像旅行，注重学生在这个过程中的体验，但是也有些教师认为教学并不是一个轻松的过程（如 S3 教师认为教学就像教师在引导学生爬梯子），他们需要对学生进行监督和引导。教学要能够激发学生学习的兴趣，帮助学生开阔视野。教师为了能够帮学生开一扇窗，就需要教师不断地为自己充电。需要强调的是，教师主要为学生提供方向上的指导，具体如何选择或怎么做由学生自己决定。不同学生做出的选择不同，他们的发展也不一样。

S3 教师与笔者的对话：

　　"我画了一个台阶，学生正在一步步向上走（见图 3-2）。教师在上面看，教师的要求会高点。我比较认同传统的说法，教师要教给学生一瓶水的知识，教师自身则要有一桶水的知识。"

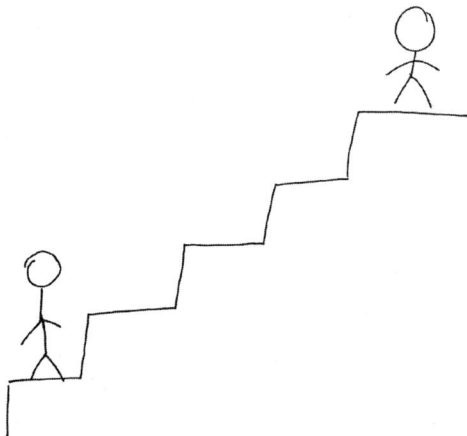

图 3-2　S3 教师的教学隐喻图

笔者提问："教师在上面，那他们需要鞭策学生吗？"

　　"对于监控、鞭策来说，我更喜欢监控，不喜欢鞭策。人如果通过鞭策能学好，那是因为学生本身就有那种能力，只是在机缘巧合下的某件事启发了他。我们学校有个学生，他以前不爱读书，很调皮，但最后成绩冒出来了。他本身就有那种能力，没有那种能力我们也激发不出来。"

S1 教师说:

"这是一扇门或一个窗口(见图3-3),其实我们是领着学生在这里面读书,告诉他们世界是很大的,路也很多,你选择什么样的一种学习态度、怎么学,决定了你最后走向哪里。有的人选择的是不陡的路,有的人选择的则是大家的路,什么样的选择决定了最后的走向。虽然学生都是这个学校的,但是他们的内心、想法是不一样的。"

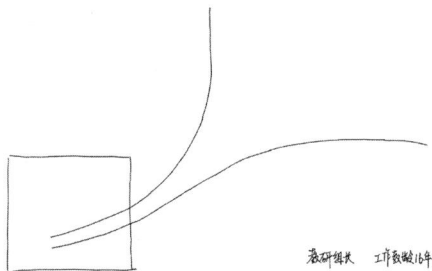

图 3-3　S1 教师的教学隐喻图

二、教师对自身角色的信念

教学是个复杂的过程,教师在教学的过程中扮演着多种角色,主要有指导者、引领者、评价者等。值得一提的是在征询教师对自身角色的认识的时候,不少高中教师的语言表达比较匮乏,他们需要笔者通过递进式的提问来获取相关信息。不少教师由于自身表达的问题,因此没能较为完整地诠释对自身角色的认识。在对所有访谈进行梳理的过程中,笔者发现几乎所有的教师都认同教师是教学资源的提供者、筛选者及教学评价者(见表3-7),但并不是所有的教师都能直接将其阐述出来。

表 3-7　受访高中英语教师对自身角色的理解

受访教师	对教师角色的理解
S1	资源的提供者、支持者、指导者、引领者
S2	引导者、支持者、鼓励者、评价者
S3	传播者、指导者、评价者和监控者
S4	设计者、帮助者、评价者和参与者
S5	监督者、评价者、激励者
S6	传授者、解惑者和情感支持者、引导者、激励者
S7	指导者、资源提供者、评价者
S8	引导者、帮助者、评价者
S9	指导者、评估者、资源筛选者、资源提供者
S10	指导者、材料筛选者、评价者、提醒者

在访谈中，教师扮演角色比较新颖的观点有两种。一是教师的支架作用。
S2 教师说：

"教师应该起着一种引导以及支架的作用。这个支架在学生知识
建构的过程中会起到一定的作用，但它也是要退出的。等学生通过
自己的学习慢慢地构成自己的知识体系，有了自己的学习能力之后，
教师的作用就会逐渐淡出。"

二是教师作为参与者的角色。教师参与到学生的活动中，通过亲身体验
对学生提供指导和帮助。

此外，教师还是激励者、情感支持者等，他们需要关注自身与学生之间
的情感交流和互动。学生需要教师的情感关怀，在他们受挫或自信心丧失的
时候，需要教师给予情感支持。

S6 教师说：

> "我觉得信心的丧失是对他们自主学习动因的一个损害，尤其是在中国高考这种比较严格的选拔制度下。因此，教师应让学生觉得他们有能力做到。"

在本研究受访的教师中，有不少教师表示平常会与学生谈心，了解学生的学习状态。他们表示让学生喜欢教师也是师生之间一种很重要的情感互动。

S7 教师说：

> "教师要让学生从自己身上学到东西，我觉得很多时候学生都会反映我很喜欢这个教师，所以喜欢上他的课，他的课自己（学生）会多用心。"

因此，教师应努力提高自身的业务能力和人格魅力，让学生喜欢上自己。

学生的学习是从简单到复杂、不断深入的过程。教师需要以合适的方式帮助学生理解、接受学习材料，并一步步地达成目标。教师是教学内容的筛选者、设计者，所以在教学中，教师不能盲目地对教材进行"分解"，而应以学生的接受水平为前提。有的教师甚至认为，教师不应对教学材料进行"分解"，而应整体地呈现给学生。深奥难懂的知识只是教学的一部分，教师更重要地是帮助学生掌握基础知识。此外，教师在教学的过程中要注意把握重点和难点，对于那些非重点难点的知识只需要有所涉猎就行。除了专业学习之外，不少教师认为自己还应教学生如何待人接物。由于学生在情感、学习把控能力上还不是很强，教师还应在生活上给予一定的指导，扮演类似家长的角色。

还有不少教师认为教学是个可以享受到乐趣的过程，不会感觉太辛苦。教师在这个过程中应为学生提供学习平台、支持及方法性的指导等。有接近一半的教师指出学生具有个性差异，教师应根据学生不同的学习水平提供不同的指导和帮助。每个学生的需求各不相同，有受访者表示因材施教有些过于理想化。当然对于一些特别需要关注的学生，有不少教师指出，他们会主动了解学生的需求并提供相应的帮助。教师不是简单地灌输知识，而应让学生接受、消化、吸收。学生不是被动地接受教师教给他们的知识，学生具有主观能动性，是有思想的独立个体。片面强调知识灌输的教师几乎没有，虽然因材施教在理想与现实之间存在一定的距离，但大部分教师表示他们会尽可能地满足学生的需求。

第四节　教师对学生及学生学习的认识

学生在高中阶段需要学习的科目很多，在时间方面比较紧张。不少学生的学习压力比较大，他们需要教师给予多方面的支持。只有教师正确认识学生以及学生的学习，他们才能够准确地把握学生的需求，真正帮助学生。

一、教师对学生的信念

学生的主要任务是学习，他们是学习的主体。几乎所有的教师都希望学生能够积极地参与学习，较好地完成教师布置的任务。为了更进一步了解教师对学生的认识，本研究设计了这样一个隐喻句：学生就像原材料，需要按照之前决定的模式来进行塑造。让教师对该句进行描述和评论（见表3-8）。

表 3-8 受访高中英语教师对学生的理解

受访教师	教师对学生的理解
S1	学生在不断地改变、成长
S2	学生的成长是个变化的过程，培养模式也需要不断调整；学生具有反作用力，会反过来影响教师
S3	基因和后天环境会影响学生的成长，尤其是基因。虽然教育学生都有一定模式，但不一定都能成型
S4	教师可以按照一定的模式来培养学生，但在这个过程中需要做调整
S5	学生具有主观能动性，不断地发生变化，不断地生出新的东西
S6	学生的德行很重要，他们的成长会受到不同教师的影响，更为重要的是会受到家庭教育的影响；学生要能够发展自己的某项专长
S7	教学没有固定的模式，且相关模式也需要调整；师生之间是相辅相成的，非"塑造"与"被塑造"；不同的学生对知识的理解会有差异
S8	学生不是原材料，而是有思想的个体，他们在成长的过程中会有许多变化；按照一定模式来培养学生不太妥当，只能说是方向上的指导，教师需要不断地做调整
S9	学生是存在个体差异的原材料，有的可能超过预期，有的可能达不到预期，不能有固定的模式
S10	学生具有主观能动性；教师可以有几种培养模式，不能只有一种，应根据学生的特点进行选择；学生是还未定型的原材料，教师可以提供学生发展的相关建议，但不能强求

例如，S2 教师认为教学模式是需要不断调整的。一方面，学生存在个性差异，因此教学不能用统一的一套模式；另一方面，学生是不断发展、不断变化的个体，教学应依据学生的需求不断地进行调整。学生具有主观能动性，他们并非完全受控于教师，学生也会反过来作用于教师，教学相长。

S2 教师说：

"我觉得模式在不断地发展变化，所以人们要因材施教。再者学生的学习是个变化的过程，教学也是个变化的过程，教师不可能一下子就预计到将来要把学生塑造成什么模式。因此，可能要逐步进行调整。另外，学生也不完全受控于教师，他们是有反作用力的原材料，他们也会对教师进行反塑造。这个是相互的。"

S3 则认为基因对学生的学习起着至关重要的作用，且教学有一定的模式，但学生最后能不能被塑造成型，关键还在于其基因和后天环境。

S3 教师与笔者对话：

"不管是何种教育都有一定的模式，培养学生肯定要对他们进行塑造，至于能不能成型我不知道。"

笔者提问："您觉得什么决定了他们会不会成型？"

"基因和后天环境。有的人天生就适合，有的则不适合。"

受访教师普遍认为学生的成长是个变化的过程，因此，教师在教学的过程中不能用一个固定的模式，而需不断地调整；当然也有个别教师认为任何教育都有一定的模式。有的教师认为，根据学生的特点，教师应有多种培养模式。至于教师和学生之间的"塑造"与"被塑造"的关系，有教师则表示不认同。学生是有思想的独立个体，他们具有主观能动性。师生之间是相辅相成的，学生可以反作用于教师。还有一部分教师认为学生就像原材料，教师可以对学生进行"塑造"，但这种"塑造"既不是一成不变的，也不是学生被动地接受教师的教学，而是在教师提供的相关建议指导下的一种成长。学生在这个阶段还未定型，教师可以指导他们向着好的方向发展；不过，这部分教师可能在一定程度上忽视了学生的先前经验。大部分教师已经意识到学生的主体作用，不再把学生当作被动的接受者，他们认为教学应根据学生的发展变化做灵活的调整。

此外，大多数教师希望学生能够自己计划安排，对自己的学习负责；学生要懂得进行自主学习，并对自己的学习结果进行评价。还有的教师期待学生能够进行互助合作学习。

S2 教师说：

> "首先，学生要能够比较积极地投入进来，能够保持对学习的一种好奇心和兴趣；其次，学生能够自觉地完成教师布置的任务；最后，学生能够和同伴之间互相帮助和分享，并能够进行沟通和协作。当然，学生也可以向教师寻求帮助。"

在受访的教师中，有相当一部分教师比较强调教师的权威，他们希望学生能够配合教师的教学。在他们看来，师生之间不是完全平等的，而应保持一定的距离。有的教师非常强调学生对教师的尊重；而有的教师则认为师生之间可以是较为融洽的关系，但教师专业上的权威必须树立，只有这样教师才能赢得学生的信任。这些教师在与学生相处的过程中平易近人，他们认为学生已相对成熟，能够明白教师讲的一些道理并做出合适的选择。

二、教师对学生学习的信念

教师教的落脚点是学生的学。教师如何理解学生的"学"会对他们如何进行教产生影响。本研究设置了七个相关的隐喻句，借以探究教师对学生学习的理解。

（一）学习就像买东西

对该隐喻句，受访教师的理解主要集中在两方面。

1. 学习的选择性

有接近一半的受访教师对"学习就像买东西"表示不认同，他们认为买东西具有充分的自主权，即喜欢什么就买什么，而学生在学校的学习自主权不大，他们主要是根据学校的安排进行学习。

S7 教师说：

"买东西是自主购物，但就学习来说，目前在中国，还是以学生来学校就学为主，学校已经安排好了教学内容。我们也是按照课程来进行授课，这不是一个自主选择的过程。学生的可选择性不大，虽然我们现在还开设了一些选修性的课程，但必修课程还是占了主要部分。"

当然，也有一些教师从选择性这个角度出发，认为学生在学习的过程中可以进行适当的选择。

2. 学习的消费性

买东西需要花钱而学习也需要交学费，两者具有一定的相似性。买东西需要人付出一定的努力去挣钱、去购买，而学习也是需要有所付出才能获得相应的回报。

S10 教师说：

"两者的共同点在于它们都是一种消费行为，都需要花钱。"

此外，有个别教师不认同这种说法，如买东西是很直接的行为，即喜欢就买，而学习则需要进行探索。

（二）学习就像爬山

爬山是个过程，人们要一步步地去攀登、坚持才能够爬到山顶。这个过程会很辛苦；但爬上山之后，人们的视野也更为开阔，心情也会变得愉悦。对该隐喻句的理解，受访教师主要有以下观点。

1. 学习的过程性

受访教师普遍认同该隐喻句，他们认为学习是需要一步一步去攀登的过程，即由低到高。在这个过程中学生需要付出一定的努力，需要毅力和坚持。有一部分教师表示，学习就像爬山一样是个比较辛苦的过程，但坚持爬到山顶后会看到更为漂亮的风景。学生的学习也会有高峰期和瓶颈期，在学生遇到困难想放弃的时候，教师需要给予学生帮助和指导，并适当地调整课堂的教学形式。

2. 学习的差异性

部分教师指出，有毅力、能够坚持且愿意挑战的学生会"爬"得更高，而遇到困难就退缩的学生可能中途就会放弃，甚至徘徊在"山脚下"。教师对于这些学生应进行相应的指导和帮助。

S3 教师说：

"爬山只有一个目的，某些情况下有点像，比如会有高峰、有瓶颈。当然每个学生的情况都不一样，有的能爬到山顶，有的则在半山腰，有的可能还在山脚下。"

3. 学习的可持续性

还有教师表示不认同这种说法，在他们看来，爬山是个有止境的过程而学习却是无止境的。

（三）学习就像建房子

建房子人们需要先打好地基，如同 S8 教师所说："基础打好了，房子也就成功了一半。"建房子是个从无到有，用一砖一瓦搭建起来的过程，是需要人们付诸实践的。学习也有类似的特点。

1. 学习的基础性

不少受访教师表示学生在学习的过程中要打好扎实的知识基础，形成自己的知识框架。教师在这个过程中提供相应的指导和监控，但具体的学习风格学生应根据个人特点自行设计。

2. 学习的积累性

部分教师认为学习是个从无到有且不断积累、循序渐进而又充满变化的过程。S5 教师说：

"建房子其实就是一层一层、一点一点来，房子按照之前设计的大小是固定不变的，但学习是会发生变化的。"

3. 学习的实践性

房子最终会建成什么样（学生最终的学习结果）取决于学生在相应时间里付出的努力。

S7 教师认为该隐喻句强调了学生的实践能力：

"建房子有很多讲究。需要什么材料，用什么黏合剂等，都是很专业的。想要把一栋房子建好没有那么容易。学生需要关注的东西非常多，教师引导学生去做，但具体的操作还需要学生自己来。"

（四）学习就像做饭

教师普遍认为这个隐喻很有意思。做饭时人们需要有前期的一些准备，比如准备食材、配料等，然后人们需要一个加工的过程，最后人们呈现出来的是色香味俱全的饭菜，因此不少教师认同这种观点。学生的学习也需要有一个前期的准备，他们有学习的目标、知道要查找什么样的学习材料，然后他们对学习材料进行选择、加工，最终把学习的结果呈现出来。有教师指出学生学习的目标及其学习过程中遇到的问题等都可以与教师探讨。

S4 教师说：

> "他们的目标可以跟我讨论，比如是不是适合他们的口味、是否健康等。他们要做的饭需要买哪些材料，教师可以跟学生一起看看他们买的东西是否需要再添加或是删减，要放多少油盐酱醋等，教师都可以参与进来。"

做饭的时候人们需要注意菜色的搭配、火候的控制、味道的尝试等，学习的过程中，学生也需要做多种选择和搭配，并注意时间和精力的分配。学生学习需要能够在各个方面兼顾（控制火候、味道等），需要专注跟细心，最后呈现出好的学习结果。教师的指导与学生的自觉、自主会影响学生的学习结果，学生需要根据自己的能力进行判断、设计自己的学习计划，但应量力而行，因此每个人最终呈现出来的结果也是不一样的。

（五）学习就像旅行

旅行是放松、愉悦的一种体验，每个人由于自身经历不同，体验也不同。通过旅行，人们可以增长知识、开阔视野，同时在这个过程中也会遇到一些困难，需要别人的指引，如"旅游攻略"等。受访的教师倾向于学习应像旅行的看法，而不要太辛苦。学生通过学习可以学到许多东西，各取所需，对于感兴趣的，学生会花更多的时间和精力。此外，学习的过程中会有已知和未知的问题，具有不可预测性。教师要对学生进行点拨，使学生学会开展深层次的学习而不是走马观花式的。有教师指出，教师应激发学生的求知欲，推动学生深度学习。

有教师指出，大多数学生的学习是在大人安排下进行的，不需要太多的探索精神。

笔者提问："您觉得学生在旅行的过程中是否具有探索精神？"

S8 教师说：

"我觉得比较少，他们的自主选择权比较小。因为学生怎么学习，在哪所学校、哪个国家就学，都是大人帮他们安排的，他们不需要探索精神。"

此外，有位教师特别强调了学生学习过程中的情感体验。该教师认为学生的情感体验对他们今后的人生具有重要的影响，而现今学校和家长还没有对此有足够的重视。

（六）学习就像树的生长

"十年树木，百年树人。"不管是树的生长还是人的成长，都不是一蹴而就的。树的生长需要阳光、雨露等外在环境，而且在这个过程中难免要经历暴风雨的洗礼；由于树自身无法移动，因此它的生长只能去适应外在的环境。学生的成长也受各种外在环境的影响，如社会环境、学校教育及家庭教育等。

有位教师甚至指出，学生的成长受基因的影响大于外在环境的影响，在这个过程中，学生需要经历一些困难和挫折。有不少教师表示，学生的成长与树的生长不一样，学生是有思维的个体，他们可以选择适合他们学习的环境而不是被动地适应环境。还有的教师认为学生可以通过努力改变和创造环境，只是在当前环境下比较受限。学生的这种主观能动性的发挥使他们的成长有了更多的变数。

S9 教师与笔者对话：

"树的生长是个缓慢过程，学生的学习也是个缓慢的过程。在这个过程中会刮风、下雨、打雷，这些都是他们要经历的。有一些体验、挫折是需要他们自己去承受的。"

笔者提问："学生的成长与树的生长有没有不一样的地方？"

"树的生长更容易掌控它的方向，学生因为本身有他独特的特点，他们成长的可预见性会更弱一些。"

当然也有教师认为学生习惯了适应外在的环境，他们很少有创造环境的能力。不管怎样，学生通过学习都在不断地成长、发展壮大。还有一位教师提出了有趣的观点，在她看来，树有主干和枝干，主干不断地向上生长，而枝干向各个方向伸展，最终形成了树冠，所以学习应有主要目标和次要目标。

S7 教师与笔者的对话：

"树的生长是个缓慢的过程，学生的成长也是缓慢的，都没有办法一蹴而就。树的生长会长出很多的枝丫，学习也是这样，还有个共同点就是树和学生都有一个主干。"

笔者提问："这个主干指什么？"

"这个主干就是学生学习的主要目标，分出的枝干是他们开始关注的一些其他东西，或者找到了一些其他的兴趣，但主干还是往上发展的。"

（七）学习就像储存数据

有相当一部分受访教师对该隐喻句的第一反应是不赞同。他们认为学习不像储存数据这么简单，这也是应试教育和素质教育的区别之一。应试是短时间内储存数据，不管学生能否接受、理解；而高层次的学习还要求其能对数据进行分析、评估和概括。学生具有主观能动性，他们需要对学习的知识进行消化、吸收，并在实际生活、工作中应用，让数据为他们服务。

还有一部分受访教师认为应辩证地看待这个观点。他们肯定了知识需要储存的观点，认为这是知识积累的阶段。但不能仅停留在这个阶段，而应对数据进一步处理和开发，懂得如何合理地利用这些数据。

S7 教师说：

"学生还要学会如何合理地使用这些数据，这才是关键。一张表格里面有各种数据，如果不知道这些数据有什么用，肯定起不到任何作用。"

还有教师认为学习包括知识和成长经验的储存，两者的区别在于机械地储存还是创造性地储存，后者能够吸取之前的经验且更好地解决遇到的问题。

在受访的教师中仅有一位教师表示非常认同该观点。他把学习看成积累知识的过程，认为现阶段学生只要储存数据就够了，他们还没有应用数据解决问题的机会。当问及学校是否有加强英语听说学习的活动时，该教师给予了肯定。一定程度上，该教师对储存数据和应用数据的理解可能与其他教师略有不同。

第五节　教师对自主学习教学促进和阻碍因素的认识

案例中的这所高中在英语办学方面富有特色，在高一、高二年段英语采取小班制教学。学校自主开发校本课程，支持学生各项活动的开展，如外语节、模拟联合国、商业模拟竞赛等，为学生开展自主学习营造了较为良好的校园环境。然而，学生的自主学习受到多种主客观因素的影响，教师在促进学生自主学习的过程中也遇到了一些问题（见表3-9）。

表 3-9　受访高中英语自主学习教学的促进和阻碍因素

受访教师	促进因素	阻碍因素
S1	1. 多元课程的开设，如短篇小说、报刊阅读等校本课程； 2. 活动实践类课程，如外语节、模拟联合国等	1. 如何对学生的自主学习进行评价； 2. 购书自主性不够； 3. 课时有限
S2	1. 学校给予教师很大的自由度和支持； 2. 小班制教学	1. 教学进度及考试制度影响活动的开展； 2. 教师非常忙，精力有限
S3	学生整体素质高	学生学习的积极性不够
S4	小班制教学	教师的期望值与学生实际能达到的水平有差别
S5	硬件设施不错，如图书馆等	1. 教师提供给学生有用的书很少； 2. 学生自制力有限； 3. 自主学习方式的设计缺乏合理性

续表

受访教师	促进因素	阻碍因素
S6	1. 学校对学生活动的充分肯定与支持； 2. 小班教学； 3. 教研组教学氛围好	1. 学生由于个性差异、能力差异等不愿参与小组学习； 2. 合理分组存在困难
S7	1. 小班教学； 2. 周末晚上的阅读自习安排； 3. 研究性课程学习； 4. 教学材料丰富	1. 学生自主性不强； 2. 学生对学习不感兴趣或缺乏动力
S8	1. 教学内容丰富； 2. 学校给予教师很多的空间和自由	无法调动和保持学生学习的积极性
S9	1. 图书馆每年都有新书的引进； 2. 心理咨询室的建立； 3. 教师培训、比赛等活动的开展； 4. 小班教学； 5. 教师的教学自主权； 6. 互联网的发展	1. 学生的动力不足； 2. 学生缺乏学习的兴趣； 3. 英语学习成效不显著
S10	1. 小班教学； 2. 学校活动，如外语节； 3. 教师的教学自主权较大	1. 动力不足，学习功利性强； 2. 学生需要时间适应新的教学方式； 3. 教师不大敢"放权"

一、自主学习教学的促进因素

从受访教师的表述中可知教师们对学校外语节、模拟联合国等课外活动的喜爱。在他们看来，这些活动不仅能够丰富学生的课余生活，而且能够使学生的自主学习能力得到较为充分的发挥。此外，学校采取的小班制教学、丰富的教学内容、良好的教学设施等有助于促进学生的自主学习。同时，学校对相关活动给予了大力支持，如学校每年都会举办丰富多彩的课外活动，学生可以自愿参与。在这个过程中学生需要收集相关材料，并与其他成员协作完成，不少教师认为这是学生充分展现自我的好机会。学校每周末还开展专门的阅读自习活动，学生在该时间段只能进行阅读，不能做其他事情，包括完成作业等。教师们认为这些活动无疑促进了学生自主学习能力的培养。

S10 教师说：

"我们马上就要迎来外语节了，学生会有许多机会展示他们自己，这是很好的机会。有些学生可能课堂上表现不是很好，他们就会去参加一些书写比赛或演讲比赛，甚至唱英文歌。他们的兴致很高，学习英文的兴趣也会提高。"

S6 教师说：

"在接触模拟联合国之前，人们会更局限于把英语学习当成语言知识的摘取，但是通过模拟联合国后会发现，以交际为目的的交流活动是超越语言学习本身的，可能是因为需要思考的东西更多。"

S1 教师说：

"我们学校现在就一直在做多元课程来促进学生的发展，有短篇小说，还有报刊阅读等校本课程……我们的校本课程中还有选修课程，是在高一和高二开设的，高三就没有了。另外，我们还有活动实践类的课程，比如外语节、模拟联合国、商业模拟竞赛，学生为了在这些活动中有好的表现，他们肯定会进行自主学习的。"

S7 教师说：

　　"像我们学校在昨天晚上的自习时间就是让学生阅读，不包括做作业。因为作业应该在周末的白天完成，周天晚上我们给学生一个小时的阅读时间，不管是中文还是英文。我们希望通过这种方式培养学生养成良好的阅读习惯。"

（一）小班制教学

　　该校与其他普通高中的一个不同之处就在于学校在高一和高二年级英语采取小班教学。不少教师表示，小班教学使学生能够更为集中地参与到课堂学习中，他们上课发言的机会明显增多，受到教师的关注也大大增加。一方面，学生能够更为积极地参与学习；另一方面，教师能够更好地兼顾每个学生的需求，尽可能地因材施教。

（二）丰富的教学内容

　　虽然在高中阶段的教学课时比较紧张，但教师并不会把学生的学习束缚在教材中。不少教师表示，他们会给学生补充适量的课外阅读材料，如散文、短篇小说、诗歌、英文报纸等。教师还会给学生推荐适合学生阅读的英文原著小说。此外，不少教师指出学校在教学上给予了他们较大的教学自主权，教师可以灵活补充一些与课堂教学知识相关的阅读材料，或在课上播放相关视频、开展相关活动等，教师对此比较满意。有部分教师还提到互联网发展使教学资源能够得到更好的共享，教师通过网络可以获取更多的优质教育资源。

（三）良好的硬件设施支持

学校拥有一个中等规模的图书馆，里面的书架上分门别类地摆放着各个学科的相关图书，除了学生自习用的桌椅以外，还有沙发等。有教师指出，图书馆每年都会采购一些新书，教师根据自身的阅读、教学等向图书馆提出相关建议，这些建议被采纳后又会有新的图书购进。图书馆是教师和学生查阅相关资料、自习甚至休息的场所。同时，学校设立了专门的心理咨询室对学生的心理健康进行辅导。高中阶段学生的学业压力大、情绪波动也比较大，心理讲座的开展以及心理咨询活动的举行都有助于缓解学生的心理压力，促进学生更好地开展学习。

此外，还有一些教师认为学校教研组的教学氛围好，教师上课前、下课后都会交流心得体会、互相借鉴学习，这有助于他们思考如何更好地促进学生的自主学习。还有个别教师认为学生的基因是决定学生学习的重要因素，由于学校学生的水平相对较高，因此比较适合开展自主学习。

二、自主学习教学的阻碍因素

目前在国内，培养学生的自主学习能力已成为教学改革的热点。结合我国实际，真正有效地开展自主学习教学，促进学生英语自主学习能力的培养仍存在一些问题。

从政策层面看，在我国，高考仍是高中英语学习最为关键的指挥棒。虽然高考一直在改革，但目前还是比较偏向应试教育，对学生一些难以量化的指标，如自我规划能力、思辨能力、实践创新能力等的考核涉及的仍较少。许多学生把大部分时间用在做习题上，得分成了他们学习的强大动力而忽视了其他一些能力的培养。受教学进度及考试制度的影响，一些教师即使有意开展自主学习的相关活动也会受到限制。

S2 教师说：

"我们一边要应试，另一边又要开展一些活动，有时候活动开展得不是特别充分。"

此外，有教师指出由于政策原因，学校在购书的自主性方面还是比较受限，一些比较新颖、有价值的材料难以引进。

S1 教师说：

"教育局怕在这个过程当中会因为购书出现问题等。我觉得我们这个城市在这个方面管得特别严，购书的自主性十分受限。"

教学、学习资源是教师开展教学、学生学习的重要载体，购书自主性受限无疑会对自主学习教学的开展产生一定的影响。

从整个社会层面或学校层面看，如何对学生自主学习的结果进行评价是个关键问题，因为它将影响学生学习动机的激发与持续，最终影响学生的后续学习。社会的快速发展使人们较为浮躁，产生了急功近利的心理。学生在短期内看不到他们自主学习的成效，如通过对自主学习材料的学习使他们某方面的能力或考试成绩得不到提高，那学生的自主学习效果可能就会大打折扣。

S1 教师说：

"学生如果学了，最后他们没有得到认可而且还存有一部分功利心，那么他们在短期之内看不到收益时就会质疑教师的做法，甚至有的学生还会觉得教师是在浪费他们的时间，因为高考又不考那些东西。"

不仅学生会质疑，而且家长也会质疑。因此，有的教师就特别强调教研组的文化建设，认为整个教研组应对学生自主学习结果形成一个较为统一的评价，如一份试卷中有多少分值是用于测评学生的自主学习情况的。此外，学校自主学习方式设计的合理性也值得商榷，它能否完全按照学生的兴趣来设计、怎么设计还有待进一步探讨。

从教师层面看，自主学习教学改革对教师提出了不少挑战。

S5 教师与笔者的对话：

"学生的自主学习其实对教师的阅读量提出了很大的挑战，教师要让学生进行自主学习，那么他本身就要对所有内容有大致的了解。"

笔者提问："还有其他方面的挑战吗？"

"对教师的管理能力也是一个挑战，因为教师要随时随地了解学生在做什么，他们在自主学习些什么，是怎么学的。"

学生的自主学习对教师的要求更高了，然而教师也有自己的生活，他们的时间和精力有限。有教师指出在调动和保持学生学习的积极性方面存在一定的困难；还有教师认为学生习惯了以往的应试教学，采取新的教学模式学生需要一定的时间适应；再加上已有的考试制度，教师仍不大敢"放权"。此外，还有教师表示他们的期望值与学生实际能达到的水平是有差别的，这种差别使教师在开展活动中也会受阻。

从教师层面看，一个重要的问题在于学生学习的积极性、自主性不强。

S7 教师与笔者的对话：

"就是学生不自主（大笑）。"

笔者提问："主要体现在哪些方面？"

"从客观方面来讲，因为他们课业压力确实比较重，尤其是我现在教的理科班的学生，他们的作业特别多，所以学生能拨给英语学习的时间，够他们认真完成课内布置的作业就已经很不容易了。对于学有余力的学生可能课下愿意再花一点时间阅读，对那些原本就觉得困难的学生可能就很少有时间再去处理额外的学习。"

高中生课业压力大，有不少教师认为学生能够完成课内布置的作业已经很不容易，因此对学生课余时间的自主学习并没有特别的要求。在教师的潜意识里，学生的自主学习似乎更多的是学生的课余学习，在课堂上主要还是教师的指导。学生课后能够积极、自主学习英语的占少数，一般都是为了考试而学习。不少学生学习的功利性比较强，在短期内看不到学习成果就容易受挫，进而影响他们学习的兴趣和动力。他们更倾向于把时间花在能够快速见效的习题上，而且学生的自制力有限，很容易有惰性，加之没有教师的监督，他们自觉学习的可能性就会比较小。

S9 教师说:

"有些学生可能看不到成效,英语这门学科,尤其是理科班的学生,他们会觉得自己花时间去背、去记,成绩也没怎么提高,不如理科科目做一些练习,成绩提升会非常明显。"

S10 教师说:

"针对考试,学生觉得单词、句子都背会了,其他的他就不想学了。"

此外,还有教师表示由于学生的个性差异、能力差异等原因使其不愿参与小组学习,而且这种差异也会造成合理分组困难,甚至不利于教学活动的开展。值得一提的是,许多教师不会把自主学习等同于个体学习,而是包含在小组学习中,这与已有研究是相契合的。

S6 教师说:

"小组学习最担心的一个事情是一些同学不参与,这样的同学是有的,因为学生的个性不同。还有就是如何分组的问题。第一,整组学生思维的构成是很难把握的。你会发现男生和女生在处理同一个学习任务的时候采取的态度是不一样的,学生的个性需要考虑。第二,学生的能力方面。表达比较好的学生和比较弱的学生在同一个组的话,较弱的学生的话语权就降低了,可是你又不能把四个很弱的学生放在一块儿,因为这样他们就无法产生榜样的激励作用。"

自主学习对学生英语学习的重要性毋庸置疑，教师对高中生的自主学习也有所期待。基于我国当前国情，高中生的英语自主学习在理想和现实之间尚存在差距，他们在英语自主学习中遇到的问题仍有待解决。

本章小结

高中英语学习的应试倾向较为明显，在考试中获得高分仍是多数高中生学习英语的重要动机。在此次调查对象中，有将近一半的学生把教师当成权威。从学生的自我评价看，高中生认为自身的自主学习能力较强。

在教师看来，学生的自主学习主要体现在课余时间的学习及活动的参与，如任务完成、课外阅读、外语节活动参与等，当然也有教师认为，学生的自主学习课内外兼而有之。不少教师表示由于一些主客观原因，他们对大部分学生的期望在于他们能够配合教师教学、积极参与学习、认真完成教师布置的任务。可见，不少教师认为学生学习的自主权是受到限制的。除个别教师对学生的学习持基因决定论外，几乎所有的教师都肯定教师在学生的学习中起着重要的作用。教学过程虽然存在一些不可控因素且学生存在个性差异，但教师可以在整体上把握教学的方向。教学是有目标、有计划的，教师要根据学生的个性特点循序渐进地实施教学。在这个过程中，教师扮演着指导者、评价者、解惑者、情感支持者和参与者等角色。

学生具有主观能动性，是具有独立意识的个体。学生的学习是个需要积累、付出的无止境的过程，因此在学习的过程中苦乐兼有。一些教师认为学生的学习虽然比较辛苦，但达到一定的程度、实现了一定的学习目标后，学生就能收获到学习的喜悦。不少教师表示学生在这个过程中可以选择学习的环境，而不是被动地适应环境，教师要引领学生体验不同的东西。多数教师强调自身的权威及其在学生学习过程中的指导、监督作用，注重自身为学生树立良好的榜样。当然，几乎所有的教师都把学生看成能动的具有个性差异的个体，他们在不断地发展、变化。教师应因材施教，尽量帮助学生学习，如他们愿意花更多的时间主动找学生谈心，及时了解学生的需求。高中英语教师在促进学生自主学习的过程中，既存在有利因素也有不利因素。如外语节、小班教学以及丰富的教学内容等是有利条件，而高考英语应试倾向、缺乏有效的方法对学生的自主学习进行评价、对教师的挑战及学生自身积极性不足等因素则不利于促进学生的自主学习。

第四章　自主学习视域下的大学英语教师信念

相比于高中生，虽然大学生的学习也很紧张，但他们能够自主、灵活安排的学习时间较多，从而为自主学习的开展提供了有利条件。

第一节　相关背景

没有了升学率的压力，大学英语教师的教学氛围相对较为宽松，他们在教学内容及教学方式的选择上更为灵活。虽然大学生需要参加四、六级考试，但学生学习的压力相对较小。这种较为宽松自由的外在环境利于促进大学生的自主学习。本章选取某大学外文学院大学英语教师作为研究对象，该大学的外文学院成立于1999年，前身外文系成立于1923年。学院的大学英语教学富有特色，实行分级教学和"2+2"模式。学院注重与不同国家的高校开展交流与合作，试行本科生"3+1"和研究生"2+1"的办学模式，学生有一年在国外学习。

为更好地进行因材施教，外文学院开设的大学英语公共课堂实行了分级教学。学生入学参加英语水平考试，根据考试成绩进入相应级别的班级学习大学英语。入学后，学生可以凭借自身的努力升级。学院的大学英语的开设分为四个级别，前三个级别有固定的教材、课件等资源，但教师一般不局限于已有资料；第四级的教学没有统一教材，主要是根据主讲教师的研究领域以及学生兴趣开设的选修课。这种分级教学有利于对不同水平的学生进行相应的教学，与此同时，学生通过努力可以升级，在一定程度上也激发了学生学习的动力。

为进一步提高学生自主学习能力，外文学院近年来实行了"2+2"模式，即学生的学习一半在课内，一半在课外。通过与受访教师的交流可知，多数教师认为这种课外学习是该大学本科生大学英语自主学习的一种特色。借助于网络信息技术的发展，这种课外学习主要是在网络上进行。外语部的教师在学校教务处的支持下自建了题库系统，且在校内相关网站上传各种学习资源，学生可自行下载。当然，这种在线学习并不脱离教师的指导。学生可以通过 QQ、网络论坛、邮件等形式与教师保持互动、交流，及时解决学习中遇到的问题。外文学院的教师每周都有固定的"office hour"（办公时间），为学生答疑解惑。受访的一位教师指出，这种自主学习模式具有两大特点：一是学生的自主性强，他们可以有更多的机会参与到学习中去；二是学生可以进行个性化的学习，教学不能一味地传授而应让学生自己学习，因此教师主要为学生提供丰富的学习资源，让他们可以根据自己的需求进行学习。外文学院"2+2"的学习模式在某种程度上确实能够给予学生更多自主学习的时间和空间。当然，这种模式也可能存在一些问题，如教师对学生的监管不够、学生的自律能力不强等。因此，在具体的实施过程中还需多加留意、及时调整。

一、非英语专业本科生自主学习情况调查

为了解该大学非英语专业本科生的英语自主学习情况，本研究对来自不同学院不同专业的本科生进行了问卷（见附录 2）调查。此次调研共发放问卷250 份，回收有效问卷 216 份，有效率 86.4%。此外，笔者对问卷中的 1 ~ 8

项进行了信度分析，得到 cronbachs's α 信度系数为 0.838。问卷最后面两个题项同样是为丰富背景信息了解而设计，不列入计分项。第 9 个题项"我认为通过四、六级考试是影响我英语学习的主要因素"中不同意或非常不同意的占 42.1%，而同意或非常同意的占 34.2%。可见，四、六级考试对于学生今后就业、出国留学等可能产生影响，但学生学习英语的目的已经更为多元，如英语的学习更注重应用等。这与高中大多数学生"学习英语是为了在考试中取得高分"存在较大的差异。第 10 个题项"课堂教学应该是教师鼓励学生决定自己学什么和怎样学"，非常不同意的没有，不同意的学生也只占 7.9%，有 72.2% 的学生表示同意或非常同意。由此可见，大部分本科生希望教师能够给予学生一定的学习自主权。可见，他们不再把教师当成唯一的权威，这与学生身心发展成熟及独立意识发展或许有关。这两个题项能够在一定程度上反映当今大学生学习英语的目的更为多元，不再局限于考试分数，他们希望拥有更多的学习自主权，但这两者并不能直接地体现学生自主学习能力水平的高低。对回收问卷进行整理，整体情况见表 4-1。

表 4-1　某大学学生在各题项上的得分均值

题项	1	2	3	4	5	6	7	8	总计（均值）
均值	3.85	2.97	2.48	2.81	3.39	2.88	3.52	4.19	3.26

考虑到大四学生面临找工作、写毕业论文等压力，本研究的调研对象定为大一、大二、大三学生，各选 115 名、43 名、58 名。由于大一学生刚从高中升入大学，正处于学习适应的关键期，因此大一的调查对象占了总体调查的一半以上，符合本研究的目的。其中，男生 104 名，女生 112 名，不同年级学生在各题项的得分均值见表 4-2。

表 4-2 某大学不同年级学生各题项得分均值

年级	题项							
	1	2	3	4	5	6	7	8
大一	3.86	2.90	2.36	2.82	3.37	2.87	3.39	4.17
大二	3.81	2.95	2.51	2.95	3.58	2.93	3.49	4.26
大三	3.84	3.12	2.69	2.67	3.31	2.84	3.79	4.19

由此可知，大部分学生认可学习的成败主要取决于自己（题项8）。对各项得分进行分析发现相比于高中生，大学生的得分均值整体上比较低。大一学生的均值在各个题项上的均值都低于大二学生，却在一些题项上得分高于大三学生。大学期间，学生大学英语的学习主要集中在大一、大二。到了大三，不同学生根据自身的需求、兴趣开始选择性地学习英语，这可能是到了大三在某些题项的均值得分反而下降的原因。在有较为清晰的学习计划（题项2）、除专业课学习以外其课余时间花在英语学习上的时间最多（题项3）、积极参与课堂英语学习并独立发现问题（题项4）、能够经常对自身学习效果进行评价（题项6）中，学生获得的均值普遍低于3分，说明学生对这些维度不是很认可。这可能是到了大学后，英语学习在学生心目中不再占有重要地位，这与大学生丰富多彩的校园生活可能有关。不少学生在课余时间会参加各种社团活动、志愿服务活动等，这些占据了学生相当一部分的时间。还有可能是通过四、六级考试对于该校学生而言难度不大，学生可以花较少的时间和精力达到想要的结果。在大学期间，学生面临的选择很多，他们倾向于把更多的时间和精力花在他们感兴趣的事情上，如专业课学习、参加活动等；当然也有可能是该校学生对于自身的要求比较高，所以他们在对自身进行评估时相对比较保守。此外，本研究在进行单因素方差分析后发现，不同年级的学生在第4个题项上的表现差异非常显著（P=0.010），在第3个题项上差异也显著（P=0.026），而在其余选项的差异不显著。

从性别上看，女生的均值在多数题项上高于男生，这在一定程度上说明女生自认为英语自主学习能力比男生强（见表4-3）。男生的均值在相信自己能学好英语（题项1）和学习英语的成败在于自己（题项8）上高于女生，但是男女在这两项上的均值差别不大且均值都较高，说明大部分学生在英语学习中的自我效能感比较高，且对英语学习的效果进行评价时倾向于内在归因。在进行单因素方差分析时发现，男女生在积极参与英语课堂学习并独立发现问题上（题项4）存在显著性差异（P=0.033），而在其余题项上不存在显著性差异。

表 4-3　某大学不同性别学生所测八个题项得分均值

性别	题项							
	1	2	3	4	5	6	7	8
男	3.86	2.91	2.39	2.65	3.33	2.85	3.46	4.20
女	3.84	3.02	2.55	2.95	3.46	2.90	3.57	4.18

从专业上看，文理科学生的得分均值在较多的题项上高于工科学生，说明文理科学生自认为的英语自主学习能力略高于工科学生（见表4-4）。文科学生在学习时间方面较有保证，但所花的时间不多（题项3）。文科生在积极参与课堂学习并独立发现问题（题项4）、通过多种渠道学习英语（题项5）、经常对自己的学习效果进行评价（题项6）方面表现较好；而理科学生具有较高的英语学习自我效能感（题项1），他们在有清晰的学习计划（题项2）、独立解决学习中遇到的问题（题项7）、对学习效果进行内在归因（题项8）方面表现较好。笔者通过单因素分析发现，不同专业的学生在各个题项上都不存在显著性差异。

表 4-4　某大学不同专业学生各题项得分均值

专业	题项							
	1	2	3	4	5	6	7	8
文科	3.87	3.03	2.66	2.93	3.52	2.95	3.52	4.09
理科	4.09	3.21	2.38	2.68	3.35	2.91	3.59	4.44
工科	3.73	2.80	2.30	2.71	3.26	2.77	3.49	4.20

综上所述，从对该校大学生自身英语学习情况的评价进行分析发现：①该校本科生整体上英语自主学习能力的水平不高，但这并不否认该校的部分学生自主学习能力非常强。②不同年级的学生除了在课余时间学习英语、积极参与英语课堂学习上存在差异外，其他整体上差异不显著。大一新生刚进入大学后的自主学习能力较差，经过一年的学习，他们慢慢地适应且自主学习能力有所提高。③英语自主学习能力水平上女生整体略好于男生，但差异不显著。④不同专业的学生英语自主学习能力不存在显著性差异。

二、大学外文学院公共课英语教师深度访谈

为了深入了解大学英语教师信念，研究中选取了该大学外文学院的 10 名公共英语课教师并进行了一对一的访谈。现将受访教师的基本信息呈现，见表 4-5。

表 4-5　某大学受访教师信息表

代号	性别	教龄	职称
U1	男	26 年	副教授
U2	女	22 年	教授，系主任
U3	女	18 年	副教授
U4	女	24 年	副教授
U5	男	20 年	副教授
U6	女	10 年	讲师
U7	女	26 年	副教授
U8	女	22 年	讲师
U9	女	6 年	讲师
U10	女	18 年	副教授

此次访谈得到了该校教师的大力支持和肯定。这些受访教师主要通过网络及"滚雪球"等途径联系，且他们是自愿加入本研究。鉴于学院的学科性与受访者的专业性，所以此研究对象在样本的选取比较具有代表性，能够较好地反映该校的英语教师信念。虽然本研究中男教师只有 2 位（该校英语男教师比较少），然而访谈对象中有 1 名教授、6 名副教授和 3 名讲师。这些教师的教龄从最少 6 年到最多 26 年，都拥有丰富的教学经验。他们对教育教学富有激情，对教与学具有独到的见解和体会，且乐意与笔者分享。

对大学英语教师的访谈采用和高中教师同样的访谈提纲，从教学、教师角色、学生、学生学习以及自主学习教学促进和阻碍因素五个维度了解自主学习视域下的大学英语教师信念。在前期的预访谈中笔者发现，若一开始就让教师对相关隐喻句进行描述和评论，再问相关问题，这样的流程导致访谈效果不是很好。因为这样绕了一圈之后，受访对象才清楚本研究的访谈目的。为此，在本次访谈中采取直接询问教师关于什么是自主学习、所在学校是否进行自主学习教学及注重学生自主学习能力的培养，随后访问教师对自主学习教学中师生扮演的角色以及影响教师开展自主学习的有利和不利因素等的认识。这样开门见山的访谈，反而使得教师能够尽快地融入本研究。在此基础上，笔者再进入访谈的关键部分——隐喻句的描述和评论以及教师隐喻图的创作，其收效甚佳。

第二节　教师对自主学习内涵的认识

与高中英语教师相似，大学英语教师也认为学生的自主学习应要求学生更多地为自己的学习负责。虽然大学生在学习内容、时间和空间上拥有了更多自主性，但他们的英语学习也离不开教师的指导。教师在学生的自主学习过程中也起到了指导和监督的作用。一部分大学英语教师强调对学生学习方法的指导、学习资源的提供及学习任务的布置，另一部分大学英语教师重视学生在学习中有所创造。根据受访教师对自主学习的理解，整理结论见表4-6。

表 4-6　受访大学英语教师对自主学习内涵的理解

受访教师	对自主学习内涵的理解
U1	学生自主性投入在学习中有所创造，教师应给予相应指导
U2	"2+2"的教学模式是促进自主学习的一种有效方式，强调学生线上与教师的交流、互动
U3	教师起启发作用，教给学生学习的方法、理念，激发学生学习的动力，这样学生就能按照自己的计划有方向地学
U4	教师指导学生学习，布置课后作业，学生利用现有的知识开展自主性研究，该教师认为，自主学习分三类：技能性、研究性、创新性自主性学习
U5	教师给学生讲授知识框架与重点并给学生指定学习的范围，否则学生难以进行自主学习
U6	教师指导学生课堂、课后学习，给学生划重点并为学生提供相应的学习资源，学生在教师的指导下完成相应的学习任务
U7	教师给予学生方法性的指导，并规定学生在相应的时间内完成任务，学生自己完成后由教师进行评价
U8	在课堂学习的基础上，主动地、全方位地提高自主学习能力，并进行比较深层次的学习
U9	教师教给学生方法并提供相关资源，学生能够进行创造性的学习，从而看到别人看不到的东西
U10	教师布置给学生任务，督促他们学习并检测他们的学习结果，而学生利用所得的资源进行学习

在研究中，U4教师认为学生的英语学习主要是在教师的指导下完成教师布置的作业。这种作业带有一定的研究性成分，使学生能够在已掌握的知识、技能基础上就某一问题进行研究，锻炼学生某些方面的能力。

U4教师说：

"英语学习是在教师引导下，教师希望学生掌握哪些内容，就会给他们留作业，让学生在课后完成。英语学习主要是这种方式，当然其中也会有一些研究性的成分。在大学里的自主学习应该多提倡，当然大学里的专业要分门别类，不能一刀切。自主学习是利用现有的、已学到的一些知识，就某一问题进行自主性研究，去发展、总结或者做一些文献综述。我觉得这是在有一定基础的情况下，在对本学科基础知识有一定掌握的情况下，进行的探究或发展学科的能力以及培养自己的能力。"

U5 教师强调教师应在课堂上教给学生英语学习的框架。与此同时，教师还应讲解重点难点，并为学生提供相应的支持。如果没有教师的引导和支持，那么学生将难以开展有效的自主学习。

U5 教师说：

"在课堂上，教师要把框架性的东西、重点难点都要讲到。框架出来之后，课后需要学生做什么，教师也要指定一定的范围。如果学生不知从何着手，那么教师可以告诉学生他们应该怎么做，甚至推荐一些教材，包括网络上的一些资源并给予学生时间和框架，不然要让学生自主学习是很难的。"

在 U8 教师看来，教师应教给学生自主学习的方法，让学生懂得如何进行高层次的学习，而不仅是停留于低层次的理解。

U8 教师说：

"在课堂学习的基础上，主动地、全方位地提高自主学习能力，比如字词句、篇章结构等，从而通过自主学习把语言学习的层次提高上去。现在学生在考试复习的时候还是在看单词，他们的学习还是处于比较低级的层次。事实上，教师应该引导学生如何进行自主学习。"

结合我国的国情，大多数教师普遍认为学生的自主学习应是在教师的指导下进行的。教师在学生的学习中起着重要的作用，他们应为学生提供学习方法和学习内容等指导。虽然已是大学生，但他们对教师仍存在一定程度的依赖。可见，大学生英语学习的自主也是教师指导下的"有限的自主"。在受访教师中有两位教师提到要为学生的学习划重点，当然也有一些教师对学生的期待比较高，他们希望学生在掌握基础知识的情况下能够进行研究性和创新性的学习。

U9 教师说：

"这个学生能够看到人们没能看到的、不一样的东西，同样的一道题目，他能够寻求多种方法来进行解答。他们是有创造性的，虽然有时候跟我讲的东西背道而驰，但我也会觉得他们充分利用了业余时间进行自主学习。"

第三节 教师对教学及自身角色的认识

科学合理的教学认识及清晰的角色定位对教师有效开展教学、促进学生学习具有重要意义。从调研结果看，教师对教学及自身角色的信念认识丰富，创作的隐喻图生动、有趣，能够较好地反映这些大学英语教师的教学理念及对教师角色的把握和期待。

一、教师对教学的信念

教与学是密切联系的，教师的教离不开学生的学，教师普遍认为学生自身学习的意愿及主观能动性的发挥对教学效果具有重要影响。大部分教师认为知识是有联系的，因此教学应促进学生英语学习与其他学科学习、现实生活等的联系。值得一提的是，教学不能把学生的学习仅局限于教材，而应为学生提供更广阔的学习空间。不少教师认同教学就是一种体验，在这个过程中不同的学生感受各不相同。教师在教学的过程中需要了解学生的需求并做相应的调整，为学生的学习提供精神支持、智力支持以及物质上的保障等。教学要尽可能地促进学生自主探究，使学生可以收获更多有意义的东西。部分教师虽肯定了教学中存在不可控因素，但他们倾向于教学具有较强的目的性和计划性，即在教师的精心安排下进行。这个过程是循序渐进的，作为教师应有所作为（见表4-7）。

表 4-7　受访大学英语教师对教学的理解

受访教师	对教学的理解
U1	教学具有目的性和计划性，教师在许多方面比学生有经验；教学中的每个章节、教学点都是密切联系的，教师要激发学生的好奇心和求知欲
U2	学生自身水平高低会影响教学的效果，教师相对丰富的经验可以为学生提供方向上的指导，在教学中，教师不能把教学内容局限于教材而应为学生提供更为广阔的学习空间，师生之间是循环的互动关系，教师要引导学生去体验、去成长
U3	学生个人学习的意愿会影响教学的效果，教师作为教学的设计者是可以对教学有所把握的，英语的教学与其他学科是相联系的，教学是一种体验，教师要根据学生的需求引导学生的成长
U4	教学具有一定的目的性，教师要有目的性地进行教学，教学应帮助学生掌握兴趣点并使其朝着不同的方向发展
U5	教学是个很严格的体系，而教师起着关键性的作用；教学主要是对难易知识点进行安排，这是个循序渐进的过程；教师在教学中是引导者，他对教学的方向、教学中可能遇到的困难都有着比较清晰的认识
U6	教学具有目的性，教师在大方向上决定教学；知识之间是相互联系的，教学应由浅入深；教学面向不同的学生个体，而个体学习结果各有差异

续表

受访教师	对教学的理解
U7	教师有责任认真进行教学，至于学生学习结果还得看学生的个体水平；教学与生活是密切相联系的；教学面向所有学生，但不同学生的学习结果存在个体差异
U8	教师明确自身的教学内容，对学生的成长肯定有所期待，教学不是随意进行的；教师要能够促进学生把英语作为一个整体来学习；教师在教学中要为学生提供学习资源，引导学生去探索有意义的东西
U9	教学本身存在一些不可控因素，具有不可预知性；学生的主观能动性大，教师不能控制学生，但教师对自身的教学是清晰的；英语的听说读写译都是密切联系的；教学具有目的性，教师在教学的过程中要为学生提供各种支持，帮助学生发现自身的优缺点，扬长避短
U10	教师是可以决定教学内容的，至于学习效果由学生的主观能动性决定；不同学生在教学中的体验是不同的，教师要帮学生在不同知识之间找到联系

U2 教师认为教学应为学生提供一个开放的环境，使学生拥有更广阔的学习空间，但教学也不是完全开放的，学生需要按照教学的要求完成相应的任务。

U2 教师说：

"确切的比喻可能是'风筝'。教学一方面要牵住学生，让他们完成一定的教学任务。同时，又不能束缚得太紧，不能仅局限于教材，应该给学生一片可以翱翔的广阔的天空。教学应是开放的，教师有必要创造这样的环境，而学生有权利在这样的环境下学习。"

U8 教师则认为教师应通过教学使学生的学习变得更为丰富有趣，在这个过程中教师要为学生提供相应的帮助，并引导学生进行选择。

U8 教师说：

"教学像旅行，在更高层次的旅行。教师就像导游一样，帮学生选择旅行的路线，介绍沿途的风景，让学生的旅行能够变得精彩、有所收获……教师在这个过程中不可能永远陪着他们，如果遇到歧路，他们可以向教师求助，选择其他道路，去他们想去的地方。当然，在这个过程中他们需要选择，不可能是看到石头捡石头，看到花就捡花。他们走岔了，教师就要引导他们。"

此外，本研究还让教师通过创作教学隐喻图来进一步阐释教师对教学的理解。下面列举其中三位教师创作的隐喻图。

U4 教师说：

"我觉得真的就像一棵树，上面有分支、分叉，自主学习就是在这个基础上能够做到的（见图 4-1）。上面就是他的自主学习，下面是他知识的储备（课堂知识的储备，还有他在其他方面的储备），我想上面就是他自主学习能够起到的一个作用效果。各种各样的枝丫象征着他可以朝着不同的方向发展。就是说，知识都是一样的，但每个学生获得之后的发展应该是自由自在的，能够促进他未来的兴趣或是在兴趣基础上的发展。自主学习是能够帮助学生掌握这个兴趣点的。"

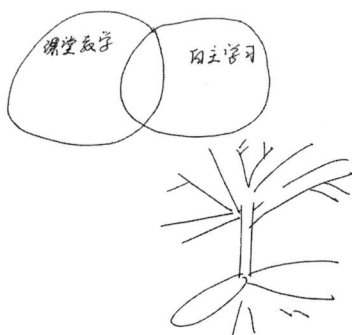

图 4-1　U4 教师的教学隐喻图

U6 教师说：

"英语教学就像教师带着学生驾着一艘船在海上航行（见图 4-2）。英语教学是一个载体，也是学生成长的一个平台。通过这个载体，教师指导着学生在知识的海洋中遨游。在这个过程中，学生们既可以观山也可以赏水。教师带着学生周游世界，开阔视野。"

图 4-2　U6 教师的教学隐喻图

U10 教师说：

"我画的是爬山，教师或者在前面，或者在后面（见图 4-3）。教师在前面的话，他要作为教学过程的设计者，或材料的筛选者、整理者；教师在后面的话，就是教师要作为鞭策者和评估者。学生要自己爬，教师其实也在跟着爬。学生在爬的过程中有不同的目标，有的可能觉得爬到这里就好，有的可能要爬到更高的位置甚至有的还想超出教师预设的目标，有的学生可能爬着爬着就走另一条路了……教师提供指导，但学生可以根据自己的目标去努力。有的可能 60 分及格就行，那我就给他们 60 分学习的方案；有的可能无所谓是否能够毕业，那我只能加以引导。不同的学生有不同的路径。"

图 4-3　U10 教师的教学隐喻图

在大多数教师看来，教师在整个教学过程中起着重要的作用。一方面，教师要为学生筛选、整理合适的教学资源并对整个教学过程进行设计和实施；另一方面，教师还要对学生进行监督并评价他们的学习结果。此外，教师有教师的教学目标，而学生在学习的过程中也会有不同的学习目标。教师要能够根据学生的特点因材施教，有针对性地为学生提供指导。教学已不再局限于课堂知识的学习，而是为学生提供更多自主的空间，给予学生更多的自主选择权。学生可以根据教师的教学选择适合自己的学习方案，不同的学生有着不同的发展路径，而不仅是为了取得高分而努力学习。

在教学的过程中，教师应为学生的学习成长提供平台。不同的学生之间存在个性差异，即使是相同的教学，但学生收获的知识、体验等是不同的。教师要对整个教学的方向进行把握，帮助学生开阔视野，增长见识。有部分教师认为教学是一种体验，学生在这个过程中要能够进行探究、收获自己喜欢的东西；还有的教师指出教学过程的不可预测性，强调学生学习主观能动性对教学效果的影响。教师应做好教学内容的选择。

U9 教师说：

"教学本身就存在一些不可控因素、不可预知性，我觉得这是可以接受的。学生是有血有肉的个体，学生的主观能动性很大，不可

109

能去控制他们。但教师传授知识应该知道知识对学生都有什么作用，注意学习材料之间的差别。教学肯定有个去粗取精的过程。"

二、教师对自身角色的信念

教师如何开展教学、如何对待学生，与教师对自身角色的定位密切相关。在研究中发现，大部分教师认为教师集多种角色于一身，即启发者、引导者、帮助者、监督者、推动者、鞭策者、设计者、筛选者、提供者、评价者等。教师不再将自身看成唯一的权威，他们普遍认为教师不再是手把手地带学生，更为重要的是教给学生学习的方法、调动学生学习的积极性、引导他们自己去学习（见表4-8）。

表 4-8　受访大学英语教师对自身角色的理解

受访教师	对自身角色的理解
U1	帮助者、辅助者、引导者、鞭策者
U2	示范者、资源的筛选者、测评者、监督者
U3	启发者、引导者、学习者、推动者
U4	指导者、引导者、监督者
U5	点拨者、监督者
U6	指导者、资源的筛选者、鞭策者
U7	设计者、指导者、帮助者、领导者
U8	引导者、指导者、陪读者
U9	传授者、评价者、监督者、筛选者、指导者、设计师
U10	整理者、筛选者、督促者、鞭策者、评估者、教学设计者

下面列举两位教师对自身角色的认识。

U2 教师说：

1. 示范者

教师要具有教学风范，并在做人等方面能够引领学生成长。

2. 资源的筛选者

在学习的过程中，学生会遇到许多的学习资源，教师应能够帮助学生遴选适合他们的学习资源。

3. 学习结果的测评者

教师的一个重要角色在于对学生的学习进行测评，让学生明白自己的学习情况。

4. 监督者

教师应监督学生的学习，使学生能够有序地进行学习。

U3 教师说：

"我觉得我个人和学生的关系就是伙伴，或者说是合作的关系，我一直是这么认为的。我还很欣赏保罗·弗莱雷的被压迫者学习理念的我。现在的教育在有意识或无意识中给学生造成压迫，那我尽量降低给学生造成的这种距离感和压迫感，让我觉得我和他们是合作关系。……教师给学生开一条缝让他走进去，当他能见到一个大的世界时，这就是教师最成功的引导。要有经典引导，但不要限制。要提供给学生非常好的例子，让他们沿着这个例子去成长、去拓展自己、开阔自己的视野，教师在过程中起的就是一种启蒙、启发的作用。"

从调研结果可知，大学英语教师尤其重视教学资源的筛选和提供。随着网络信息技术的深入发展，大学生的英语学习资源非常丰富，他们需要在教师的指导下促进英语的有效学习。此外，有相当一部分教师指出教师的任务不是唯一的，除了"传道授业解惑"以外，还要教给学生为人处世的道理。

U1 教师说：

"教师的任务在于'传道授业解惑'，教给学生知识只是其中的一个方面，除此之外，教师还应教给学生做人的道理。也就是说，教师不仅仅只是教书，不能照本宣科。"

教师应能够通过多种教学方法进行整体性的教学，促进学生循序渐进、由浅入深地进行学习。

受访教师认为教师应在方法、内容及方向上给予学生指导，他们普遍期待学生能够积极地参与到学习中。教师要尽可能地为学生提供帮助和支持，如情感支持、智力支持及精神支持等，并帮助学生创造良好的学习环境。部分教师指出，学生应能够选择并创造适合自己学习的环境；还有部分教师希望学生能够进行创造性学习。

U1 教师说：

"在这个过程中学生可以发挥自己的创造性，教师教的内容大体相同，但最终搭建起来的'房子'却是各不相同。"

现代教师不再像传统教师那样注重知识传授、强调教师权威，而能够更多地看到学生自身主观能动性的发挥；教师能够看到学生之间的个体差异，尽可能地做到因材施教。由于受现实条件限制，有些教师对此也感到"心有余而力不足"。

第四节　教师对学生及学生学习的认识

教师的教是为了促进学生的学，因此教师在开展教学之前必须对学生及学生学习的特点了然于胸，只有这样才能达到良好的教学效果。

一、教师对学生的信念

教学中的两大主体是教师和学生，教师如何看待学生决定了教师以什么样的方式与学生相处。如今，越来越多的教师意识到学生是学习的主体，不再把学生看成单一的、被动的知识接收者，而是对学生有了更多的期待。在本研究中，不少教师指出，教育应培养学生的独立意识，让学生去实践、去探索、去创造。为了更进一步了解教师对学生的认识，本研究设计了这样一个隐喻句："学生就像原材料，需要按照之前决定的模式来进行塑造"，引导教师对该句进行描述和评论（见表4-9）。

表4-9　受访大学英语教师对学生的理解

受访教师	对学生的理解
U1	学生存在个体差异，教师主张因材施教，但忽视了学生是有先前经验的个体
U2	教学功能有限，学生具有理性，教学不能决定把学生培养成什么样的人
U3	学生具有充分的潜力和创造力，教师应把它们挖掘出来
U4	不认可"学生是原材料"，他们应是学习的主人
U5	每个学生都是非常有个性的个体，不能按一个模子来培养
U6	学生是有个体差异的，教育应培养学生正确的价值观
U7	学生是能动的个体，教师有自己的教学理念，但对学生的培养还得看到学生的个体差异
U8	教师的作用有限，无法对学生进行"塑造"；每个学生都有各自的特点，教师要根据学生的特点进行指导
U9	教育应根据学生的特点培养出多元的学生
U10	学生具有自主意识，他们的成长受多种因素影响，教师难以按照之前决定的模式进行塑造

在受访教师中，U3 教师认为学生是一个学习者，不仅学习知识技能，而且在这个过程中学生也在不断地完善人格。此外，学生还是探索者、创造者。

U3 教师说：

> "学生在我看来首先就是个学习者，他要成长，知识技能的学习是一方面，还有整个人格的成长，尤其是教会他明辨是非，追求各种各样的目标，最好是崇高的理想。他们是学习者、探索者，与此同时他们也在创造。"

教学不是万能的。在 U2 教师看来，学生是能动的个体，他们不完全听从于教师，但教师可以对学生进行引导和提供相应的帮助。

U2 教师说：

> "教学的功能是有限的。学生是理性的个体，他们具有主观能动性。教师可以引导学生、帮助他们成长，但不能决定把学生培养成什么样的人。"

每个学生都是不同的个体。U8 教师认为教师的作用有限，他们应根据学生自身的情况有针对性地进行指导。

U8 教师说：

> "材料也是有好有坏，我觉得要根据学生自身的情况来对他们进行指导。塑造的话，我觉得教师没有那么大的作用。另外，也不能按照之前决定的模式来，每个学生都有自己的强项。比较好的教师

会对学生有所了解，根据学生自己的特点来给他们一些有效的指导。我觉得千篇一律地培养学生是不符合现在的教育理念的。"

在本次调研中，并不是所有的教师都主张师生之间是平等、民主的关系，有个别教师强调教师要有权威，要求学生尽可能地配合教师。

U5 教师说：

"学生要配合教师，要能跟得上教师安排的任务。"

大部分教师更倾向于学生能够在教师的指导下自主、积极地去学习。他们清楚地知道学生存在个性差异，针对有些学生在学习上存在的惰性情况，他们觉得自己有必要去推动这些学生学习。

几乎所有的教师都认为学生是具有个性差异的个体。有的教师充分肯定学生发展的潜能和创造力，在教学中给予学生充分的信任、注重开发学生的潜能；有的教师认为教学的功能具有局限性，强调培养学生的独立意识，学生不能事事依赖教师；有的教师则指出学生具有自主意识，他们的成长受多种因素影响，教师要注重调动学生学习的主观能动性。受访教师普遍主张学生各具特点，教育应培养多元的学生。

二、教师对学生学习的信念

学生的发展是教师一切工作的出发点和落脚点，多数受访教师认为学生是具有发展潜能、具有创造性的个体。

（一）学习就像买东西

受访教师对该隐喻的理解，各有不同。整体而言，教师主要从以下几个维度来认识该隐喻句。

1. 学习的选择性

学习面临各种选择，学生有权根据他们的需要进行选择性学习。

U6 教师说：

> "买东西的时候你会做一些对比，不同的品牌、价钱等，你会去选择最适合你的。学习也是这样。你看了不同的理论、不同的书，你要做一些思考，要去找哪个观点是最赞同的，吸收不同的观点。"

2. 学习的消费性

虽然每个学生都交了学费来学校接受教育，但是学生之间存在个体差异，不同学生基础不同、努力程度不同，最终学习结果也不同。从该角度出发的教师认同该观点。

3. 学习的必要性

学习是必需的，学生只有通过学习才能获得成长，证明自己；而买东西则可买可不买。持该观点的教师对此不认同。

4. 学习的联系性

知识是相互联系的，不能割裂地看待。

U4 教师说：

> "比如你要阅读马尔克斯的《百年孤独》，即使你只想阅读马尔克斯的文学作品，但没有相关的历史知识、地理知识，各方面的相

关背景以及马尔克斯的个人背景，你就无法理解他作品的伟大之处，所以任何知识都是相关的，不是说今天我需要这个，我就买这个，不是这么回事。"

5. 学习的发展性

学习可以让学生变得更加强大，成为更好的人。

（二）学习就像爬山

部分受访教师认为学习需要一定的目标、计划，需要有较好的体能、自信心和毅力，许多成功人士之所以成功就在于他们能够持之以恒。为了达到学习的目标，在这个过程中就需要克服各种困难和挑战，能够坚持是一种宝贵的品质。不少教师认为，虽然学习的过程是辛苦的，但"无限风光在险峰"，当学习获得一定的成就之后，学生也就能够体会到别样的快乐。

U6 教师说：

> "我觉得大部分人还是会觉得学习是比较苦的事情，爬山是比较累的。另外，爬山是往高处去。我觉得这对我来说是两个意思：一个就是辛苦的过程；再有一个就是爬到顶峰的话会觉得风光无限好，人的眼界以及所看到的风景都是不一样的。"

因此，学习是苦乐兼具，在这个过程中学生的心态是关键。学生由于个体差异所付出的努力不同，有的能够到达峰顶而有的可能就半途而废。

（三）学习就像建房子

学习应是有规划的，学生要像建房子那样打牢知识基础。

U6 教师说：

"建房子的话，关键在于你的地基够不够扎实。这就像你学英语的基础，比如你有多少词汇量、阅读能力怎样，这些基础性的东西是最重要的。上面的这些建造就是你有没有偷工减料或把每个东西都学得很好，这就像把房子盖得很结实一样。"

不少教师对此进行了强调。有的教师认为他们应帮助学生搭建知识框架，允许学生与教师进行讨论、修订，帮助学生在一定的范围内建立自己想要的"房子"。

几乎所有的教师都认为他们应帮学生把握学习的大方向，但具体的操作需要由学生自己去完成。受访教师普遍倾向于学生在他们的指导下进行适当的发挥、创造。

U9 教师说：

"教师可能会给他们一个模式，给学生提供宏观的指导，但具体材料的背景装饰等，学生可以对其进行一些微观的改造。这些可以体现出学生在学习上的探索，及其关注点的不同。不同的学生喜欢的风格不一样，有的造成田园式的，有的则造成欧美式的，这就是学生自主性的体现。"

此外，U7 教师提出了她较为独特的想法。在她看来，学习不一定要建出具体的东西，也可以是搭建着玩，学习的目标应该是多元化的，学习也可以是为了获得一种情感体验。

（四）学习像做饭

1. 学习是个复杂的过程。受访教师对该隐喻句的理解呈现出多样性。

2. 学习是个创造性的过程。学习并不是循规蹈矩地按照计划（菜谱）去完成，而是需要发挥学生的创造力和想象力。

U1 教师说：

> "学习是个创造性的过程，就像人们做饭，虽然原材料相同，但每个人的做法不同，做出来的味道也不同。如何才能做好饭，这需要发挥思维的创造力。"

有三位受访教师持类似的观点，他们认为学生的水平不同，努力程度不同，即使面对相同的学习材料，学生的学习结果也各不相同。

学习是一个体验的过程，不同的学生体验各有差异。不同的学生对同一事物的感知和体验是不同的。有的学生只是停留在表层的学习，而有的学生就能够有更为深入的感悟。

U3 教师说：

> "同样背诵一段《水调歌头》，有的学生能看到一个新的世界，看到一段历史，看到什么人物，看到那个时代背景下什么对人物的影响最大。"

3.学习是个质变的过程。学习不只是知识量多少的积累，更是由量变到质变的飞跃。

U4 教师说：

> "这个比喻对知识来说只是接受，它没有产出。我觉得把大米做成米饭不算输入和产出的过程，因为它只是个物理变化，不是化学变化。……我觉得学习不仅是接受知识，而且让它发生化学变化，让它生产出五光十色的结论。"

姑且不去探究把大米做成米饭是否会发生化学变化，笔者认为该教师的观点比较新颖。学生的学习不应停留于字面的理解，而是能够进行深层次的思考，在量的积累的基础上达到质的提高和飞跃。

4.学习是个探索的过程。通过学习让学习者的个性风格和学习认知得以体现。学生根据自身想要达到的目标选择学习的材料，最终呈现他们想要的学习结果。

（五）学习就像旅行

不少教师认为该隐喻指出了学习也具有愉快、放松的情感体验。当然，更多的教师还是认为，在大多数时候学习是辛苦的，在不同的阶段学生会有不同的体验。只有达到一定的阶段，学生才能够体会到学习带来的快乐。

U8 教师说：

> "我希望学生在不同的阶段有不同的体验。学生在初级阶段是爬山，达到一定层次了，爬到顶了，就有资格、经历或心情去旅行。学生不可能永远在爬山。"

有位受访教师强调，教师要能为学生创造不同阶段的体验。当学生学习倦怠的时候，教师需要带学生进行一次短暂的"旅行"，如来个戏剧表演等；还有不少教师认为，学生在"旅行"中看到的事物是不同的，即使是同一事物，但学生的感悟也各有差异。

受访教师认为由于自身的经验较为丰富，因此可以为学生提供相应的指导，如"旅行"中可能遇到的问题，往哪个地方走会更有趣等。在这个过程中，有的教师认为自主性高的学生就不会亦步亦趋，即按照教师的"路线"走，而是能另辟蹊径。针对这种现象，有的教师主张因材施教，只要学生不会"迷路"，这些就都可以，最终学生能够收获自己想要的东西。支持该观点的教师认为，通过"旅行"可以让学生扩大知识面、增长见闻，从而有利于学生深化对事物的理解。

（六）学习就像树的生长

受访教师普遍意识到了环境对学生成长的重要性。为此，在教学中他们会尽可能地为学生创造学习的机会并提供各种学习资源。学生通过学习，慢慢地从不成熟走向成熟，包括生理和心理两方面。与树的生长一样，学生也需要良好的外界环境，但学生不会被动地去适应环境，他们懂得选择和创造适合自己的学习环境。一位受访教师举了这样一个例子。

U1 教师说：

"比如一个宿舍里有四个学生，其中有三个都不想学习，但那个想学习的同学总不能随大流，而是会创造适合自己学习的环境。树却无法选择，即使是周围的环境被严重污染，它也只能选择适应。"

因此，学生的主观能动性在学习的过程中得到了体现（见表 4-10）。

表 4-10　受访大学英语教师对学习就像树的生长的理解

受访教师	对学习就像树的生长的理解
U1	学生和树一样需要良好的成长环境，但学生可以选择和创造环境
U2	外在环境对学生的成长具有重要作用，如校园环境
U3	学生慢慢成长，最终能长成栋梁之材
U4	学生像树一样，需要汲取各种营养，才能苗壮成长
U5	学生的成长需要吸收各种营养，教师对学生负有限的责任；学生可以对周围的环境进行选择
U6	教师的指导和学生自身的水平，对学生的成长具有重要影响；学生能够选择适合自己的成长环境
U7	学生的成长需要外界环境的支持，此外，他们能够主动地选择适合他们的学习环境
U8	学生的学习是主观的，而且是持续的
U9	学生的学习是个反复的、曲折上升的过程，而不是单向的
U10	学习是个让学生慢慢成长的过程，包括生理和心理的

（七）学习就像储存数据

在本研究中，不少教师认为对该观点不能完全给予否定。他们指出学习需要分阶段，储存数据也是其中缺一不可的阶段。当然，学习不能仅停留于表面，而应进行思考、加工和整理。学生的学习不是被动地接收数据，而是能够对学到的知识进行消化和吸收，并用它们来解释周围的一些现象、解决他们遇到的一些问题。

U1 教师说：

"这学习要分阶段。如果是前期的学习，学生就需要知识的存储，那这肯定是必要的；但学习并不能简简单单地停留在这一阶段。从一定程度上讲，这种说法在本质上是对的，但仅强调学习像储存数据就有点机械化的倾向，忽视了学生学习的主动性。"

此外，有教师认为学生不能盲目地储存数据，而是有重点地选择有用的知识进行储存，他们应更为积极主动地去学习有用的知识；还有的教师指出数据间具有内在联系，学习不应是机械性的，教师应指导学生发现这些联系。教师还应告知学生这些联系的作用，使学生有意识并愿意去学。

第五节 教师对自主学习教学促进和阻碍因素的认识

大学英语是一门基础课，也是一门公共课。大学生面临的选择很多，他们既要学好专业课也要参加各种社团活动、锻炼自己各方面的能力。对大多数大学生而言，他们进行英语学习的时间相对有限。在本研究中，笔者发现教师在开展自主学习教学中具备一些有利条件，但也遇到了一些问题（见表4-11）。

表 4-11 受访大学教师对英语自主学习教学的促进和阻碍因素的认识

教师	促进因素	阻碍因素
U1	1. 分级教学； 2. 信息技术的发展	1. 学生缺乏自主学习能力； 2. 学校软、硬件设施不到位
U2	1. "2+2" 模式的实施； 2. 信息技术的发展	1. 对学生学习积极性的担忧； 2. 对学生进行监管的担忧
U3	1. 学生的自主性、积极性较好； 2. 学生学习热情高涨	1. 班级规模过大； 2. 留给学生学习的时间有限； 3. 辅导员对学生关心不够； 4. 教师对学生的考核机制存在不妥之处
U4	1. "2+2" 模式的实施； 2. 信息技术的发展	1. 教师对学生难以监控； 2. 班级规模过大； 3. 网络互动平台的搭建有待提高； 4. 学生学习态度倦怠
U5	信息技术的发展	1. 学生学习积极性不够； 2. 教师对学生的监管有限； 3. 班级规模过大； 4. 学校学习氛围不浓厚

续表

教师	促进因素	阻碍因素
U6	1. 图书馆资源非常丰富； 2. 学校外在设施不错； 3. 网络互动平台的搭建	1. 学生学习功利性强； 2. 学校对教学不够重视； 3 教师地位不高； 4. 班级规模过大
U7	1. "2+2"模式下网络互动平台的搭建； 2. 分级教学	1. 学生学习动力不足； 2. 班级规模大
U8	1. "2+2"模式； 2. 分级教学； 3. 为教师提供各个层次的指导和培训	1. 对学生自主学习结果难以进行量化评价； 2. 教师难以有针对性地为学生提供材料； 3. 学生学习动力不足； 4. 班级规模过大； 5. 教师提供的教材灵活性不足
U9	1. 信息技术的发展； 2. 学校给予教师较大的教学自主性	1. 教师难以对学生进行有效的监控； 2. 教师无法强迫学生学习； 3. 学校的一些硬件设施不适合做教学楼； 4. 班级规模大； 5. 网络平台资源有限，技术水平需要提高
U10	1. 学习资源丰富； 2. 教师教学有较大的自主性	1. 学生学习动力不足； 2. 学生选择太多，学习时间有限； 3. 班级规模过大

一、自主学习教学的促进因素

在受访教师看来，自主学习教学开展的有利因素主要包括以下方面。

（一）"2+2"教学模式

虽然课堂教学也是大学生获得知识的主要渠道，但对于身心逐渐成熟的大学生而言，他们需要更多独立思考的时间和空间。不少教师表示，该模式是英语自主学习教学的较好体现。在这种模式下，学生的学习一半在课堂，一半在课后。这就要求学生在教师的指导下，在课后合理有效地安排和利用时间。对于学有余力的学生，他们可以有更多的时间选择学习自己感兴趣的英语知识。

（二）分级教学

这是该校外文学院的一个特色，即学生一入学就进行英语水平测试，然后根据学生不同的英语水平进入不同的班级学习。学校班级共分为四个级别，成绩最好的学生进入第四级学习，这样利于针对不同水平的学生开展教学。同时，允许低级别学生在期末达到一定成绩后跨级学习，这可以激发学生学习的积极性。分级教学使得教师能够更好地进行因材施教，成绩领先的学生可以加快学习的步伐，而成绩暂时落后的学生也可以在适合自己的学习节奏中取得进步。

（三）互联网信息技术的使用

网络技术的发展扩大了师生之间交流的平台，教师可以通过多种方式与学生交流，如 QQ、Email、论坛等，而不再局限于课堂。这种在线交流有助于学生更好地敞开心扉，及时向教师咨询学习中遇到的问题；同时，通过网络可以更好地实现资源共享。教师可以把相关学习资源放到网站上，学生自行下载所需材料。此外，网络互动平台的搭建也为教师带来了一些便利，在一定程度上减轻了教师的工作量，如作文批改网。

U7 教师说：

"我们可以布置很多很多的作文，学生写完后先在上面改一遍，教师再看最终的版本。学生可以在上面进行无数次的修改，为了刷分，会改很多次，所以到后面我们看到的基本没有什么拼写错误，不会像传统的作文有很多的拼写错误、标点符号用错等。"

（四）学校对教师的支持

学校给予任课教师较大的教学自主权，即使在一、二、三级的教学中有固定的教材，但是教师也可以根据需要增减教学材料。而到了四级，任课教师则可以根据自身的兴趣和研究领域进行开课。这对教师而言，无疑是值得欣喜的事情。

U9 教师说：

"好的方面在于学校给我们教师教学的自主性是很大的，它不会像其他学校要求教师集体备课，这点确实不错。学校会给我们一个大概的方向，比如我们的课程规划，但具体教师怎么讲，使用什么材料，不会给予束缚。"

（五）校园良好的硬件设施

该大学是一所研究型重点大学。有教师指出，学校的图书馆资源非常丰富，而且针对不同的学科推荐可用的数据库。此外，该大学为学生学习提供了许多便利条件，如教室长期对学生开放、免费的 WIFI（在中文里又称作"移动热点"，无线网络通信技术）、小型咖啡机、热水供应等。

受访教师主要是从学校和网络信息技术两个层面来认识开展自主学习的有利条件。当然，他们在实际的英语自主学习教学中也遇到过不少问题。

二、自主学习教学的阻碍因素

哪些因素阻碍了教师自主学习教学的开展？调研显示，主要有以下方面。

从学校层面看，首先是大部分教师普遍认为现在的班级规模过大。一个班级有五六十人，而教师的时间和精力是有限的，在较为有限的学时内一些活动的开展容易受到限制。受访教师认为，学生人数控制在二三十个较为适宜，目前该校的教室以及外语教师人数都较为有限，受现实条件限制难以实现。其次是现有的教师考核机制。部分教师认为学校重科研，对教师的教学没有给予足够的重视，教师的地位不高，这些都不利于激发教师的积极性和能动性。

U6 教师说：

"现在全国的评聘、晋升什么的都把科研放在很重要的位置，而对教学没有给予足够的重视。……我觉得这样的机制是不合理的。科研这一块可以适当降低一些，而在教学方面可以有一些促进机制。我们学校有教学大赛，我觉得还可以有精品课程、名师等，应为教学提供更多的平台，促进教师之间的交流。"

考核机制倾向于科研将导致教师无心教学，也就难以期待教师能够较好地开展自主学习教学。最后，个别教师认为学校自主学习的氛围不够浓厚。由于校园环境优美，经常吸引全国各地的游客前来游玩，使学校的教学区、食堂、超市等处都有游客，给学生的学习生活带来了一定的影响。学生面临的诱惑增多，使他们的心态变得浮躁。此外，有的教师还指出学校在引进新教材方面存在不足。

从院系层面看，有教师指出虽然学院搭建了网络互动平台，但平台里的资源比较有限。

U9 教师说：

　　"在线的资源无非就是题库，但题库也不是特别稳定，学生有时候做完了计分时仍是零分。学生对于在线给定的一些话题内容也不感兴趣，都是关于大学四、六级的模拟题、翻译段落大意等老套的题型。当然，老套的练习也是需要的，但我觉得可以更丰富一点，如电影、台词的对话对白或者诗歌等。"

　　不少教师意识到了这个问题，他们需要在课余时间花更多的时间为学生提供更有价值的学习资源。有些教师虽然可能手头资源不少，但信息技术使用的能力有待提高。此外，还有些教师反映平台在技术层面上还需要提高，如上述教师提到的计分问题，还有作文批改网纠错的局限性等。这些问题都需要在后期的使用中加以完善。

　　从教师层面看，有教师反映现在学校的辅导员对学生的关心不够，使学生没有把更多的心思花在学习上。从访谈中笔者了解到这个问题存在的一些现实因素。当前各高校每年的招生人数仍在增加，但各院系的辅导员数量较为有限，通常一位辅导员要负责好几百个学生。在这样的现实条件下，即使再负责任的辅导员，估计也难以照顾到每个学生。当然，这并不是说辅导员就没有责任。如果辅导员能够经常抽时间走访学生宿舍，适当地关心学生的学习和生活，为学生的发展提供建议，学生可能会更好地适应校园的学习生活。学生在大学里自由安排的时间多了，但他们面临的选择也多了。"2+2"的教学模式希望把时间更多地留给学生，然而课后学生究竟会或愿意花多少时间在英语学习上则要看学生个体对英语学习的需求，教师难以进行监管。有教师还指出学生自主学习的结果不能量化，难以进行评价。评价是促进学生学习的有效激励方式之一，如果教师不能进行有针对性的评价，学生学习的积极性就容易受挫。

从学生层面看，有的教师指出学生缺乏自主学习能力，他们不懂得如何合理安排、利用时间，进行有效的学习。

U1 教师说：

"不少学生上了大学之后无所适从，不能适应大学的学习，他们不懂得怎样学。在他们的意识里，他们的学习是不能没有教师的。学生缺乏自主学习方法的训练，他们也不懂得如何评价自己的学习。这可能是应试教育带来的影响。"

对教师的过度依赖、学习方法的缺失、自我管理能力的欠缺使得学生难以进行自主学习。此外，有不少教师指出学生方面还存在一个较大的问题，即学生学习的动力不足。大部分学生学习英语的功利性较强，主要是为了通过四、六级考试或在考雅思、托福上取得好成绩。当这些外在需求消失的时候，如已过级，那么相当一部分学生就不会再去学英语。一位受访教师曾经做过一次网络调查，她的一个班级有 53 名学生，参加调查的有 43 人。

U10 教师说：

"其中有一道题我要特别指出来，'英语及格就行，因为我有更重要的学习目标。'结果发现，有 9 个学生对此表示赞同。由于这些学生在我们学校是英语成绩最好的学生，因此我觉得这个比例已经很高了。还有另外一个班，有六十几个学生，如果能够有 10 个对英语感兴趣我觉得就是不错的了。"

学生内在需求的欠缺是影响学生学习积极性的一个很重要的原因。外因通过内因才能起作用，如果学生不能喜欢上学英语甚至排斥学英语，那么他们学英语最多只能是为了完成任务，难以做到进行自主学习。

有教师还指出，当前大学生的压力很大，尤其是理工科的学生，大部分时间在实验室中度过，要求学生花过多的时间在英语学习上是不大实际的。学生到了大学面临着许多选择，参加各种社团活动、志愿服务等，属于学生个人的时间不是很多。英语作为一门公共基础课，一些教师表示学生只要能够交流就可以，不需要有太高的要求。学生时间、精力的局限性，且英语对大多数学生而言不再像高中那样占据非常重要的位置，使学生学英语的积极性不是很高。当然，也有学生认为，他们对自身的规划是在国内找工作，可能英语学习对自己个人发展的意义不大，学生认为自己放弃学英语也无可厚非。可见，关于英语学习，应为大学生树立更为科学的认识，方能达到自主学习的目标。

笔者还认为，学生是否进行英语的自主学习与时间的多少并不一定相关，即使时间不多，也可以自主学习。当然，学生个人的发展规划及课余时间的多少确实会在较大程度上影响学生英语学习的自主性、积极性。

本章小结

大学生学习英语的目标更为多元，对英语学习结果的期待各不相同。自主学习视域下，大学英语教师信念也更为开放。大学生的主观能动性在英语学习中起的重要作用越发凸显。

结合我国国情，多数受访教师认为教师的指导对大学生的英语自主学习必不可少。一方面，他们仍然肯定教师对学生的指导作用，认为大部分学生仍无法做到高度的自主；另一方面，大多数教师肯定自主学习中的合作学习，认为通过合作学习学生可以更好地实现自主学习。当然，也有个别教师否认学生的合作学习。不过，不少教师认为在教学的过程中，教师不仅要"传道授业解惑"，而且要教给学生做人的道理；教师要为学生筛选、提供教学资源，督促学生学习，并评价学生的学习效果；教师扮演着指导者、引导者、启发者、学习者、辅助者等角色，他们要为学生提供物质和精神方面的各种支持。虽然在访谈中部分教师还会强调教师的权威并认为学生应配合教师开展教学，但他们也能够意识到学生主观能动性的重要作用，适当地倾听学生的意见。个别教师认为在当今这个信息丰富的社会，学生获取学习资源途径的增加在一定程度上削弱了教师的权威。

教师普遍看到了学生的个体差异，主张因材施教。尽管不少教师表示对该校大学生整体的自主学习能力不是很满意，但他们也表示有一部分学生的自主学习能力很强。学生是独立的个体，也是具有发展潜能、有创造性的个体。多数教师希望学生能够在他们的指导下积极、主动地参与学习，在学习的过程中探索与创造，通过学习开阔自身的视野，增长见识。但结合实际，有些教师认为对学生英语学习的要求不能一刀切。大学英语教师在促进学生自主学习的过程中，既存在有利因素也有阻碍因素。"2+2"教学模式、分级教学、网络信息技术的发展等是有利条件，而班级规模过大、重科研而轻教学、网络互动平台建设技术层面的局限性及学生学习动力不足等因素则不利于促进学生的英语自主学习。

第五章　自主学习视域下高中和大学英语教师信念的异同与促进学生自主学习的方法

大学和高中英语教师是英语教学改革的重要参与者和支持者，他们如何看待学生的自主学习以及采取怎样的措施来促进学生的自主学习，对学生的学习将产生重要影响。高中教师一方面需要考虑学生的升学，另一方面也需要考虑学生从高中到大学学习的衔接，而大学教师则应在对高中生的学习有所了解的基础上，帮助学生更快、更好地适应大学英语学习。因此，笔者认为有必要对两阶段教师信念进行深入分析。

第一节　自主学习视域下高中和大学英语教师信念的异同

调研中的外国语学校高中英语教学的两大特色在于在高一、高二实行小班制教学，并为学生开展丰富的课余活动，其中受访学生对自身的自主学习能力评价较高。而调研中的外文学院的大学英语教学特点主要在于实行分级教学和"2+2"教学模式。相比于高中生，该大学本科生对自身自主学习能力的评价比较保守。两阶段教师分别是怎样认识学生的自主学习的，他们的认识存在哪些共同点和不同点呢？本节主要对此进行分析与总结。

一、教师对自主学习内涵认识的异同

通过调查分析，两阶段的英语教师对自主学习内涵的认识同中有异，大学教师对学生的情感需求关注较少，他们更注重学生在学习中的创新。

（一）相似点

受访教师普遍认为学生的自主学习是教师指导下的"有限的自主"，无论是高中生还是大学生，他们的英语学习都离不开教师的指导。在这个过程中，学生应更为积极地参与学习，为自己的学习负更多的责任。与此同时，强调自主学习并不否定合作学习，而应包含合作学习和独立学习。不少教师通过开展小组活动来促进学生的自主学习。在受访教师中，大部分教师对学生自主学习内涵的认识还比较零散，希望他们在今后的教学研究中进一步深化认识。

（二）不同点

1.教师与学生的关系亲疏存在差异

虽然两阶段教师都注重对学生提供指导和帮助，但他们的帮助存在一定的差异。高中教师从学习的内容、方法、态度、情感等方面进行指导，尤其是在情感体验方面。大部分高中英语教师会在适当的情况下与学生谈心，了解学生的所思所想，他们与学生的关系更为密切，学生对教师的依赖也更大。而大学教师对学生更多的是提供学习方向上的指导，他们较少与学生进行情感交流，对学生的情感需求关注较少。

2.教师对学生自主学习的期待存在差异

大部分高中教师在各种主客观因素的影响下，对学生的期待主要在于学生能够较好地配合教师完成学习任务，在学有余力的情况下适量地拓展学习。

大学教师则希望学生在学好基础知识的条件下，还能够进行一定程度的探究和创新，他们希望学生能够进行更深层次的学习（见表 5-1）。

表 5-1　高中和大学英语教师对自主学习内涵认识的异同

相似点	1. 教师指导下的"有限自主"； 2. 希望学生能够更多地为自己负责； 3. 包含合作学习和独立学习
不同点	1. 大学教师侧重对学生学习内容、方法的指导和帮助，对学生的情感需求的关注不如高中教师； 2. 大学教师对学生学习中的创新有更多的期待

二、教师对教学及自身角色认识的异同

教师对教学和自身角色的认识紧密相关，两阶段教师的认识各有侧重点。

（一）相似点

在教学方面，大多数教师认为教学具有目的性和计划性，教师可以在一定程度上决定教学；学生是独立的个体，在教学的过程中存在不可控因素，教师无法完全决定教学。知识是有内在联系的，教学应帮助学生在所学知识之间、与其他学科及生活等建立联系，循序渐进地促进学生的学习；学生之间存在个性差异，个体的知识水平、努力程度等会影响学生的学习效果；教学不仅要促进学生知识的掌握，而且不能忽视学生个性的发展；每个学生都有学习的潜能，教学要注重激发学生的潜能，调动学生学习的积极性。

在教师角色方面，两阶段教师都认为教师在教学中集多种角色于一身，是指导者、引导者、筛选者、提供者、设计者等。值得一提的是，大多数大学和高中英语教师认为教师的言行对学生会产生重要的影响，即教师扮演的示范者角色。因此，他们认为教师应用自身的言行来引领学生的成长。教师不仅要"传道授业解惑"，而且还要教给学生做人、做事的道理。

（二）不同点

在教学方面，两阶段教学内容都不再局限于教材，而是有更多的课外补充材料。在高中阶段，虽然有教师认为知识是发展变化的，教学也应根据具体情况做相应的调整，但是高中的课外阅读材料大部分仍是为课堂学习服务的，而大学更多的是知识的延伸与拓展，为了开阔学生的视野、陶冶学生的性情等。高中教学注重学生能够打好扎实的知识基础，而大学教学则希望学生在学习过程中还能够去探究，收获更多有意义的东西。高中教学侧重学生能够在考试中获得高分，学生学习的目标较为单一。有些教师把高中英语教学看成园丁修剪树枝、医生医治病人等，他们注重纠正学生的不良习惯，使学生能更好地投入学习。大学教学的目标更为多元化，不少教师认为教学应给学生提供更多学习的空间，学生的学习不再局限于在考试中取得高分，而是能够根据自身的情况选择适合自己的学习方案。

在教师角色方面，有的高中教师认为教师起着支架性作用，教师应慢慢地退出学生的学习；有的教师甚至还认为教师扮演着参与者的角色，在一些场合也需要参与到学生的活动中去；多数高中教师认同教师扮演着激励者和情感支持者的角色，这些教师在教学的过程中不会吝惜对学生的适当表扬，帮助学生获得学习的自信心。此外，他们还会主动与学生交流，了解学生的现状，有的甚至认为教师要为学生提供生活上的指导以及扮演学生家长的角色。大学教师也会给予学生适当的鼓励，但这样的机会较少，大学教师与学生之间的情感交流也较少，所以，大学教师主要是学生学习的启发者和推动者，他们侧重对学生学习的监督和鞭策（见表5-2）。

表 5-2　大学和高中英语教师对教学及自身角色认识的异同

相同点	教学	1. 教学具有目的性和计划性，教师可以在一定程度上决定教学； 2. 知识是有内在联系的，教学应循序渐进； 3. 教学应关注学生的个体差异
	教师角色	教师集多种角色于一身
不同点	教学	1. 大学教学内容相比于高中更为开放、丰富； 2. 大学教学目标更为多元
	教师角色	1. 更多的高中教师扮演着情感支持者、家长的角色； 2. 大学教师侧重为学生提供学习资源、方法的指导

三、教师对学生及学生学习认识的异同

学生的身心发展不同，所处的学习环境不同，均使两阶段教师对学生以及学生学习的认识在相似之中存在一定的差异。

（一）相似点

在学生方面，教学改革的深入使越来越多的教师把学生看成学习的主体，他们希望学生能够更多地为自己的学习负责。学生是有思想的个体，他们具有主观能动性而不是被动的接收者。因此，在教学的过程中教师会更多地与学生进行互动，尽可能地把知识以学生易于接受的方式教给学生。两阶段的教师都倾向于学生能够积极、主动地参与学习，然而学生存在个性差异，并且都有一定的惰性，对此教师应因材施教，有针对性地促进学生的学习、成长。此外，两阶段教师还认为学生的成长受社会、学校、家庭等方面的影响。

在学生学习方面，两阶段教师都看到了学习的选择性和消费性，即有付出就有回报；学习是个不断积累、变化的过程，学生通过学习扩大知识面、增长见闻、各取所需；学习有一定的目标和计划，这个过程苦乐兼具且需要学生的毅力和坚持；学生的学习在达到一定程度后可以体验到别样的成就感和快乐。不少教师表示学习要打牢基础，教师帮学生把握学习的大方向，但

具体的操作需要由学生自己完成；学生的学习受到外在环境的影响，他们不是被动地适应环境而是能够选择甚至创造环境；学生的学习需要存储知识的阶段，但又不能仅停留于该阶段，而应对所学知识进行消化、吸收和应用。

（二）不同点

在学生方面，不少高中教师认为学生的成长是一个变化的过程，教师的教学应不停地做调整。学生的成长除了受社会、学校、家庭等的影响外，还受自身基因的影响，有教师甚至认为基因对学生的影响起着关键性的作用。更多的高中教师强调教师的权威，要求学生尽可能地配合教师的教学。大学教师更注重培养学生的实践能力、探索能力和创造能力。不少教师认为学生是具有发展潜能的人，教学应开发学生的潜能，促进学生的发展。此外，与高中教师较为不同的是大学教师强调培养学生的独立意识，学生不能事事依赖教师。

在学生学习方面，高中教师指出学习是一个无止境的过程，而大学教师则看到了学习的必要性、发展性，他们认为学生必须学习，通过学习不断发展、壮大。高中教师注重学习过程中知识的积累，认为学习应注意时间和精力的分配，对各个方面能够兼顾，最终呈现好的学习结果；还有部分高中教师认为学生在学习中不需要太多的探索，学生虽有探索的能力，但这种能力在高中阶段比较有限。与高中相比，大学教师似乎更强调学生能够在学习中探索、创造，他们对学生英语学习结果的期待更为多元。学生根据个人的发展规划做出选择，有的只需要达到最基本的要求即可。此外，高中教师关注学生学习过程中的情感体验，而大学教师这方面的工作做得相对较少（见表5-3）。

表 5-3　大学和高中英语教师对学生及学生学习认识的异同

内容	相同点	不同点
学生	1. 学生是学习的主体，对自己的学习负责； 2. 学生是具有个性差异的个体； 3. 学生是有发展潜能的个体，具有主观能动性； 4. 学生能够选择甚至是创造外在的学习环境	1. 高中教师更强调权威，希望学生配合教师教学； 2. 大学教师更注重培养学生的独立意识
学生学习	1. 学习的选择性和消费性； 2. 学习是有目标和计划的，学生应打好扎实的知识基础； 3. 学习不应停留于表层知识的学习	1. 高中教师认为学习是无止境的，大学教师强调学习的必要性和发展性； 2. 大学教师更注重学生学习中的探索、创新

四、教师对自主学习教学促进和阻碍因素认识的异同

受访教师都意识到培养学生英语自主学习能力的重要性，他们希望学生能够积极、主动地参与学习。两阶段教师都尽可能地利用现有的有利条件促进学生的自主学习，然而在这个过程中他们也遇到了一些问题。

（一）相似点

从有利条件看，大学和高中教师都遵循学生学习存在个体差异的原则，并采取有效的措施促进学生的学习。高中采取的小班制教学以及大学的分级教学，在一定程度上有利于教师根据学生的特点开展有效的教学。良好的校园硬件设施，如图书馆、心理咨询室的建立等，为自主学习教学的开展营造了良好的外在环境。本研究中的高中和大学都有资源较为丰富的图书馆，为师生提供了重要的资源和学习场所。而心理咨询室的建立能够帮助学生缓解心理压力、促进学生心理的健康发展，使学生能更好地参与学习。还有就是学校给予教师较大的教学自主权并为教师的发展提供机会。两阶段教师对此感到较为满意，他们在教学的开展上不会受到太多的限制，能够根据实际的需求以及教师习惯的风格开展教学，同时信息技术的发展与利用便于学习资源的共享及教学的实施。

从不利条件看，大学和高中教师在开展自主学习教学中在学校层面、教师层面及学生层面都遇到了一些阻碍因素。两阶段教师面临的一个共同的关键问题在于对自主学习的结果难以量化评价。评价在给学生学习反馈、激发学生持续学习方面起着重要的作用，因此该问题没能得到有效解决将不利于激发学生学习的积极性，甚至减弱学生学习的动力。此外，两阶段教师指出学生的学习存在急功近利的心理，如学习的动力不足、缺乏内在的学习需求和兴趣。此外，教师认为学生的自主学习对他们的自身素质提出了更高的要求和挑战，而教师的时间和精力是有限的，他们在对学生的学习进行监管方面存在困难。大学英语教师在教学、科研、社会服务等方面都有着相应的职责，而每周的课时又有限，教师与学生相处的时间也很有限，对学生的监管不少教师表示"心有余而力不足"。高中教师虽然职责主要在教学上，但学生的自主学习也会给教师的管理带来一定的挑战。

（二）不同点

从有利条件看，为更好地进行因材施教，高中采取了小班制教学，而大学进行了分级教学并采取了"2+2"的教学模式。大学生比高中生拥有更多的课外学习时间，他们的学习时间相对比较灵活，在学有余力的情况下可以有更多的时间做自己感兴趣的事。虽然高中和大学都给予了教师较大的教学自主权，然而也存在一些差异。高中要求教师集体备课，良好的教研组氛围是教师所向往的。而大学不要求教师进行集体备课，学校只为教师提供一个大致的教学方向，大学教师教学的自由度似乎更高一些。信息技术的发展为教学的开展提供了便利条件，并为师生的交流互动提供了一个新的平台，然而两阶段教师对信息技术的利用程度是不同的。高中师生的互动更多的是面对面的交流，而大学师生线上交流的频率更高。此外，大学生对网络互动平台的利用更广，他们经常在线分享资源、完成作业、检测作业完成情况等。

从不利条件看，高中在政策层面也遇到一些问题，如高考的应试倾向较重，教师自主学习活动的开展受限。此外，在购书自主性方面也存在一定的局限性。大学在院系层面网络互动平台仍需完善，因为网站资源有限，所以在技术层面有待提高。高中英语教学在高一、高二采用小班制，而大学的班级规模明显偏大不利于教师进行因材施教。同时，大学重科研而轻教学，也不利于调动教师教学的积极性。高中学生习惯了在教师的关心、指导下学习，对教师的依赖性较强，而他们到了大学会缺乏自主学习能力，在适应大学学习生活方面存在困难。虽然两阶段学生的学习都存在功利性，但表现形式不大一样。在高中阶段，学生学习的目的集中在高考中获得高分，而大学学习的目的更为多元，如考研、出国、考四六级、找工作等。高中教师对学生的期待也较为集中，即希望学生不要放弃英语学习，在高考中取得好成绩，而大学教师则认为学生可以根据自己的需求学习英语，允许学生不用偏重英语的学习。此外，学生英语学习的功利心过重也不利于英语自主学习教学的有效开展（见表5-4）。

表5-4　大学和高中英语教师对自主学习教学促进和阻碍因素认识的异同

相同点	促进因素	1. 遵循学生个性差异的原则，进行因材施教； 2. 良好的校园硬件设施； 3. 教师拥有较大的教学自主权； 4. 信息技术的发展与应用
	阻碍因素	1. 自主学习结果难以量化评价； 2. 急功近利的学习心理，学生缺乏学习的兴趣和动力； 3. 教师的监管遇到挑战
不同点	促进因素	1. 因材施教下，大学生比高中生拥有更多自由支配的时间； 2. 大学教师教学自由度更高； 3. 两阶段对信息技术利用的程度不同
	阻碍因素	1. 高中阶段在政策层面，应试倾向重，自主学习活动开展受阻，且购书的自主性受阻； 2. 大学网络平台的搭建仍需完善、班级规模过大、重科研轻教学； 3. 学生从高中到大学缺乏自主学习能力，因高中生依赖性强； 4. 大学和高中阶段学生均有功利性心理，只是表现形式不一样

第二节　自主学习视域下高中和大学英语教师信念的异同分析

教师信念受多种因素影响。受访教师表示学生的成长经历、学习经历以及生活经历等会影响学生的认识，两阶段教师信念的差异是由各种主客观因素决定的。

一、教师对自主学习内涵认识的异同分析

（一）两阶段的异同分析

在我国，从学生入学到最终离开学校，教师在学生的学习成长过程中起着非常重要的作用。学生习惯了在教师的指导下开展学习，不同学生对教师存在不同程度的依赖。与此同时，学生的学习也是在教育部规定的教学大纲要求下、根据学校设定的课程开展的，所以学生自主选择学习内容的可能性很小，尤其是在中小学阶段。在我国，学生的自主学习更多的是教师指导下的"有限的自主"。学生学习的独立自主性相对较弱，尚无法做到像霍莱茨所说的自己确定学习目标、学习内容等。

在高中阶段，教师的主要责任在于教学，他们有更多的时间和精力与学生相处和交流。因此，他们可以给予学生更多的情感支持与关怀。大学教师身兼多种职责，教学只是其中之一，他们能够与学生相处的时间很有限，对学生主要是提供学习内容、方法上的指导。高中生面临着高考，能否在高考中取得高分将决定他们是否有机会进入好的大学继续求学，这对学生今后的人生发展将产生重要的影响。目前我国高考的应试倾向较重，因此高中教师更多的是希望学生能够配合教师教学掌握好基础知识，在考试中取得高分，

而对于学生是否具有创新能力不是很重视。而大学生毕业后可能会选择踏入社会工作，教师则希望学生能够有更宽广的知识面，进行深层次的学习。

（二）与已有研究的比较分析

在已有研究中，大多数学者认为自主学习要求学生对自己的学习负更多的责任，且既不否定合作学习也不否定教学，本研究中受访教师均持类似的观点。在师生关系方面，两阶段师生关系的亲疏不一样。高中教师更为关注学生的情感体验，而大学教师更多的是为学生提供学习方向上的指导，如学习的内容、方法等。这与荷兰学者海伦娜对荷兰学生从高中到大学的学习适应情况的调查结果是相吻合的。在已有研究及本研究中的结果均显示出，自主学习会对学生的学习结果产生积极的影响。目前，对自主学习内涵的理解已经更为具体、全面，即从认知、动机、行动等维度来进行解读。研究者认为学生在自主学习的过程中要能够掌控自己的动机、管理自己的情感，且他们能够在较为宽松的环境中学习。本研究中受访的教师对学生自主学习的理解更多的是希望学生能够配合教师积极、主动地学习，能够按照教师的要求完成任务并适当参与课外活动；有一些教师提到应加强学生的自主学习意识；有相当一部分教师认为我国学生的学习缺乏内在的兴趣和动力；不少受访教师还认为学生能够选择甚至是创造学习的环境。由于一些主客观因素，在高中阶段，学生自主学习方面比较受限，这与我国的国情有关。国内对高考的重视及对大学生人才培养的认识要求与国外存在一定差异，这也体现出了中西方的文化差异。本研究中的受访教师对自主学习的理解较为宽泛，缺乏一定的系统性，但两阶段受访者都认为教师的生活经历、教学经历及教育教学知识（教育理论）等会影响教师的信念。

二、教师对教学及自身角色认识的异同分析

（一）两阶段的异同分析

学生存在个性差异，教学需要根据学生的个性特点因材施教。外国语学校（高中）采取小班制教学，有利于教师兼顾不同学生的需求，更有效地开展教学。大学外文学院在大学英语教学方面，由于受学校教室及教师数量的限制且学生人数又多，为此难以开展小班教学，但其实行的分级教学也是为了针对不同水平的学生有效开展教学。此外，由于大学生面临的选择较多，对英语学习的需求呈现多元化，因此学校实行了"2+2"的教学模式，即学生的学习一半在课后进行，这样就给予了学生更多的学习空间，可以根据自身的需求合理安排、利用时间。

教学是个复杂的过程，教师和学生之间的关系也不只是教育者和学习者的关系，而是集多种角色于一身。由于教师已有的丰富经验以及学生身心还处于从不成熟向成熟衔接的发展阶段，因此教师在学生成长的过程中扮演着重要的作用。教师在日常的教学中对学生产生潜移默化的作用，他们需以身作则，为学生树立良好的榜样。由于高中生相对来说身心发展更不成熟，教师对学生的指导和关怀也更多，因此教师有时甚至扮演着"家长"的角色。大学生在一定程度上比较成熟，他们有了更多自由支配的时间，且学生的课堂学习时间很有限，教师更无法确切地把握学生花了多少时间在英语学习上以及学习的效果如何。因此，大学教师比较侧重监督者和鞭策者的角色。

（二）与已有研究的比较分析

教师在教学中扮演着多种重要的角色。在已有研究中，有的教师把教学看成生产的过程，教师是工人；有的把教学看成治疗的过程，教师是医生；

有的把教学看成灌输的过程，教师是知识的传授者……在这些研究中，教学有着清晰的目标，然而这样的教学却忽视了学生的主观能动性。当然，也有的把教学看成探索的过程，教师是北极星；有的把教学看成建构的过程，教师是促进者。教学中存在着未知，需要教师引领学生去发现。同时，学生是有思想的个体，教师应促进他们积极、主动地建构知识。在本研究中，大部分教师认为教学是有目标有计划的，是个需要循序渐进的过程。大学英语教师相比于高中英语教师更注重教学中的探索、创新，他们也认为教学中教师起着重要作用，应注重为学生提供尽可能多的帮助。可见，大学教师主要扮演着指导者、引导者、筛选者、提供者、监督者、鞭策者等角色。高中阶段教师对学生各方面的关怀较多，受访教师中有的把教师看成父母，还有的把教师看成园丁，对学生进行"修剪"，帮学生改掉成长过程中不好的方面，也有的教师认为教师更像是医生，对症下药，医治患有不同"疾病"的学生。这与已有的研究相类似。整体而言，在本研究中，教师认为教学应是师生互动的过程，大多数教师在教学的过程中能够更多地顾及学生的主观能动性，几乎没有教师认为自身扮演塑造者的角色。此外，受访教师中认为教师扮演朋友、反思者、合作者和研究者的较少。

三、教师对学生及学生学习认识的异同分析

（一）两阶段的异同分析

学生的成长受社会、学校、家庭教育、基因等因素的影响，他们的接受能力、对待学习的态度、付出的努力不同，导致他们的学习成绩也各不相同。两阶段教师在教学中都应尽量做到因材施教。学生是学习的主体，没有人能够代替他们学习，这是受访教师达成的共识。学生是具有独立意识的个体，

因此两阶段教师大部分不认可学生是"被塑造者"的这种说法。在高中阶段，学生与教师相处的时间较长，受教师的影响较大，受访对象中有接近一半的学生把教师当成权威。在大学阶段，学生接受知识的渠道很多，他们的独立意识增强而弱化了对教师的依赖。相比而言，高中更为强调教师的权威。

在高考中获得高分是大多数高中教师对学生的期待，因此他们注重学生基础知识的掌握，强调学生配合教师的教学完成相应的教学任务，而学生的大部分时间是在学校中度过的，他们的学习主要是在学校和教师的安排下进行，自主选择权较小。大学更多的是扩大学生的知识面，培养学生各个方面的能力，以便为学生的职业生涯和未来的发展做准备，而学校给教师较大的教学自主权，使学生也有较多选择的空间。教师希望学生能够在掌握知识的基础上有所创新，能够发现更多有意义的东西，同时教师希望学生不要事事依赖教师，要学会独立思考、独立成长。大学生已是成年人，他们今后要面对的是社会环境的考验，会遇到许多的困难和挑战，大学教师更强调学生应拥有积极、乐观的心态。

（二）与已有研究的比较分析

在已有的研究中，学生可能是被动的接受者，被看成"产品""病人"，他们只是单向地接收教师灌输给他们的知识。当然，学生也有可能是主动的建构者，在教师的引导下建构知识。在本研究中，学生更多地被认为是具有发展潜能的能动的个体，他们是学习者、探索者、开拓者。与已有研究相似，两阶段教师都认为学生的学习不能停留在机械的、表层的学习阶段，而应进行深层次的学习。国内有学者通过研究发现，学生用来描述外语学习观念的隐喻可以分为六类，即技能类、历程类、培育类、消化类、交流类和建筑类。[①] 本研究中涉及的学生学习的隐喻所强调的方面有相似点也有不同点。比如，"学习就像做饭"属于技能类的隐喻，通过该隐喻句教师不仅强调学习过程中实践的重要性，而且强调学生能够兼顾各个方面，较好地把握和安排时间甚至能够在学习中有所创新。而"学习就像爬山"，属于历程类隐喻，侧重的是学习过程中目标和态度的重要性，即学习要树立明确的目标并能够持之以恒。此外，受访的教师还看到了这个过程中学生水平的差异性以及学生的多元化发展。学习是个辛苦付出的过程，但到达一定程度后可以体验到别样的喜悦。本研究中的关于学习的隐喻比较有限，没有已有研究涉及得多，但也在一定程度上反映了教师对学生学习不同方面的思考。比如关于学习的选择性、必要性、发展性等的思考，这是已有研究较少涉及的。

四、教师对自主学习教学促进和阻碍因素认识的异同分析

（一）两阶段的异同分析

学生的成长就像树的生长一样，也需要一个良好的外在环境。高中和大学都要尽可能地营造适合学生学习的环境，如美丽的校园、资源丰富的图书馆及设施齐全的多媒体教室等。由于学生在成长过程中都会遭遇各种挫折、承受各种压力，因此有些学校还设立了专门的心理咨询室。高中生大部分时间是在学校里度过的，学习的节奏较为紧张，他们的压力更多地来自学业，尤其是每次月考之后学生的情绪波动较大，就需要有发泄他们情绪、排解他们压力的渠道。他们与教师相处的时间多，进行面对面交流的机会也多，而自行上网学习的机会较少，因此在高中阶段信息技术使用的效果没那么突出。但到了大学，学生的学习更为多元化，他们面临的压力来自各个方面，学业、

---

① 卢敏，刘振前．中国学生外语学习观念的隐喻分析［J］．外语教学，2013，11（6）：39-42.

情感、职业生涯、人际关系等方面的压力更为多样。心理咨询室的建立对促进学生心理健康成长，维护校园和谐起着重要作用。学生的课余时间多了，与教师的面对面交流就少了，他们需要通过信息技术来获取更多的学习资源，扩大他们与教师、同学等的交流范围。在一定程度上，大学比高中更加强调信息技术在学生学习、成长中的作用。

高中主要是围绕着高考指挥棒进行教学，在高考的压力下教师需要统一备课。而到了大学，学生的学习多元化，教师上课的方式方法也更为灵活多样，教师教学的自由度更高。社会的发展日新月异，在进步的同时也使人们开始变得浮躁，急于求成的功利性心理也渐渐渗透到教育领域。高中生为了能够在高考中取得好成绩，他们更多的是不停地进行习题训练，相对忽视了对英语听说等应用能力的培养。甚至有的学生如果在短期内看不到学习效果，很有可能就会丧失对英语学习的兴趣。大学生面临的选择多样化，对于那些需要考研、出国的学生而言，他们愿意花较多的时间在英语的学习上。而对另一些学生来说，学习英语可能只是为了开阔视野，他们的课余时间不一定用于英语学习上。对于部分大学生而言，如果他们的英语学习无法及时获得肯定，那么他们学习英语的积极性就会受到打击。此外，自主学习结果难以量化评价以及当前学生浮躁的学习心理都不利于两阶段学生自主学习教学的开展。

（二）与已有研究的比较分析

自主学习的开展需要一定的环境支持，不管是大学的"2+2"教学模式抑或是外语学校（高中）丰富多彩的课余活动以及两所学校为学生提供的良好校园环境、设施齐全的教室等，都是为了给学生营造一个灵活、开放的学习环境，这也是已有研究所强调的。与此同时，学生的自主学习还需要有充足的学习时间和个人表达的机会，然而本研究中的大学和高中由于教学课时有限、学习任务繁重或学生面临着多样的选择，使得学生进行自主学习英语的时间有限。大学的大班教学、师资不足等也影响着每个学生课堂参与的机会，不利于学生的自主学习。此外，教师在理论学习和实践操作方面存在脱离现象等也会阻碍自主学习教学的开展，反而教师自身的发展、学生学习目标的设立、学生自我效能感的获得（给予学生自我展示的机会）等则有助于促进自主学习教学。从这些方面看，本研究的结论与已有研究相似，而与已有研究不大相同的地方在于，本研究中教师大部分认为学生学习的目标功利性较强，学生的学习缺乏内在的兴趣，使学生难以获得持续的学习动机。

第三节　高中和大学英语教师促进学生自主学习的方法

自主学习的理念如何贯彻实施？两阶段英语教师结合当前在自主学习教学中遇到的问题，就不同学段教学、学生学习及对师生角色的认识，分享了他们采取的一些举措。

一、高中英语教师促进学生自主学习的方法

大多数受访的教师指出当前高中生的英语自主学习受限，但他们也尽可能创造环境，激发学生的学习兴趣和动力。在"全人发展"和"终身学习"理念下，高中教师也强调培养学生的自主学习意识。虽然高中的课外活动可能不如大学丰富，但学校也会结合自身的办学理念和办学特色为学生的英语自主学习提供有利条件。

（一）激发学生学习的意识与兴趣

部分受访教师表示，学生的自主学习意识具有重要作用。
S7 教师说：

"就是要把学生通过进行自主学习能够获得什么样的好处，跟他
们讲明白之后让他们去做，他们可能会更愿意去做。"

因此，这些教师在教学的过程中强调要树立学生的自主学习意识，只有
学生意识到学习的重要性，他们才会更为积极、主动地参与学习。

有教师则认为激发学生的学习兴趣、鼓励学生，让学生体验到成就感才
能更好地促进学生的自主学习。

S2 教师说：

"首先就是一个事情要能够让他们觉得有趣，这样他们才会去
做。再有，在他们做的过程中要给他们支持，不然他们就会觉得完
成不了，会泄气。在他们做完的时候给他们机会展示，让他们体验
到一种成就感。"

尤其是那些自信心不足的学生，更需要教师的鼓励，教师应在课堂上多
给这些学生创造一些机会，鼓励他们积极地参与课堂学习。

学生在课堂学习过程中缺乏学习的兴趣或动力，教师应如何应对呢？有
教师指出，她会先进行个别谈话了解原因，针对学生的不同情况区分对待。

S10 教师说：

"我一般会采取个别谈话的形式，具体了解下是什么原因导致
的。有一些是因为基础不好，那就要帮他把基础补好。而有一些学
生家境比较好，学生觉得没必要去学，这样的话就需要跟家长沟通。
如果家长的期望值也只是那样，我们能做的也有限。"

还有一位教师也表示他会先了解下原因，如果是学生从小养成的不良习
惯引起的，那么他会先提醒学生纠正不好的学习习惯。同时，他侧重学生对
基础知识的掌握，认为这将有助于培养学生的自信心。

S9 教师说：

"我会让学生侧重对基础知识的掌握，因为从基础做起，慢慢地
有点信心以后，他们的动力就会慢慢地回来。"

也有教师认为，可以以抛问题的形式来激发学生的求知欲，进而激发他
们学习的兴趣。

S1 教师说：

"我想让学生进行自主学习，那我不会把所有的知识都教给学
生。在第一节课上，我会以问题的形式，如小说的作者及其简介、
小说的背景，学生在初看和再看之后的不同感受等，以抛问题的形
式来促进他们的学习。"

（二）提供给学生自我展示的舞台

受访教师提及的给学生提供自我展示的舞台主要包括以下五个方面，其中以社团活动及小组活动的开展居多。

第一，"中心辐射"理念下社团活动的开展。

S6 教师说：

"由三到五名优秀的学生组成主席团，通过以点带面的方式把这个活动普及开，甚至在制定规则、人员培训和队员培训上都可以做到自主。我要做的事情是促进和丰富这些中心学生的知识层面，接下来要让他们有一个团队的意识，再让他们层层去普及开来。"

大部分受访教师对学校的社团活动给予了好评，在他们看来，这是学生发挥自主性的好机会。

第二，小组合作学习。学生根据相关的学习任务开展合作学习，在这个过程中他们相互学习与分享，并最终将小组学习的结果展示给全班同学。展示结束后，还会有来自教师、其他组员以及组员之间的评价。

S5 教师说：

"我也会让学生写一些东西，会让较多的学生一起合作编写一部作品。我觉得这些都是培养他们自主学习能力的一个体现。"

第三，课前演讲。几乎所有的教师都会让学生在课下收集相关的新闻材料等，然后在每节课的课前五分钟进行"口头表达"（oral presentation），之后由教师和其他同学进行点评。学生为了在这五分钟有较好的表现，需要在课下做许多准备工作。

第四，尝试让学生进行授课。一位教师指出，她在复习课的时候会对学生进行分组，分派给每组学生一些需要讲解的题目，由学生对学生进行相关疑难问题的解答，教师只在旁边做适当补充。这种方法使得不同学生的思维发生碰撞，取得了较好的效果。

第五，还有小部分教师认为对学生进行方法上的指导也是促进学生学习的有效方式。教师指导学生学习的方面有很多。

S7 教师说：

> "如何把读书笔记做好，如何把作文写好，在做'口头表达'（oral presentation）的时候，要怎么做才能够让你的'演讲'（speech）更加地吸引人等。"

因此，只有把方法教给学生，学生才能更有效地开展学习。

二、大学英语教师促进学生自主学习的方法

大学生英语课堂学习时间的有限性以及多元化的校园学习生活使得学生在英语学习方面拥有更多的自由选择权，但也因为如此，学生对英语学习是否感兴趣或者是否有需求会对他们的英语学习产生重要影响。此外，大学教师在学生的学习中仍起着重要作用，教师应不断发展、完善，提高自身的综合素质。

（一）激发学生学习的兴趣和动力

大学生学习英语的时间相对有限，那大学教师又该如何激发学生的学习兴趣呢？有教师指出，他会对教材进行处理，有选择性地进行讲解。此外，他还通过设置一些开放性的问题来促进学生思考，从而激发学生的学习兴趣。还有的教师强调，教学应是生动活泼的而不是单调乏味的，教师不应再扮演传统的传授者角色，而是能够采取多种生动有趣的教学方式（如游戏教学、小组合作学习等）、设置激发学生求知欲的问题等加强与学生的互动和沟通，以此达到良好的教学效果，促进学生的学习。

如果学生的内在动力不足，那么教师采取一些相应的内外在激励措施就能够在一定程度上促进学生的学习。有位教师指出学生具有学习的潜能，教师要能够给予学生充分的信任以及适当的表扬和赞赏，这样能够增强学生的自信心，使他们更为积极、主动地参与学习。

U3 教师说：

"比如这个学期我让所有的学生一人翻译几页，翻译一部已经被译成九十多种语言，唯独没有用汉语翻译的长达 50 多万字的一本书。其实这个难度很大，因为中国人还没有人去挑战这本书。那么，我首先会跟他们说这是一件很艰难的事，但是我知人善用，我把他们看成有才气的人。他们每个人都去做了，而且做得非常好。因此我在 QQ 上一直把我的感动、欣赏和赞美都送给他们了，因为他们真的很辛苦。"

这位教师在说到这段话的时候满怀喜悦，她对学生的学习给予了充分的肯定和欣赏，而学生正是在教师的充分信任下完成了在别人看来是很艰巨的学习任务。还有一位受访教师分享了她的经验。

U2 教师说：

> "学生在通过题库系统进行自主学习的过程中，题库中的一些内容会被抽取放入期末的考核中。这些内容不是原封不动地放入期末考试中，而是会适当地转换形式，学生要想通过考试就需要平常对这些内容有所了解。"

这种措施的实质是学生为了在期末考试中取得高分而学习。另外，教师可以根据学生的课堂表现进行打分。从某种程度上说，我国学生比较看重分数，为了取得高分而进行学习的学生占了较大的比例，这与本研究中对学生进行调查的结果是相吻合的。

（二）教师应加强自身的完善

受访的大部分教师认为开展自主学习对教师自身的素质提出了更高的要求，而有教师指出难以对学生的自主学习进行监督和评价。抛开自主学习结果难以量化等外在因素的影响，很重要的一个方面在于教师自身素质的高低。因此，应加强教师对自身的完善，具体分为两个方面。

一方面，教师要具有良好的职业道德素养。教师要"想生之所想，急生之所急"，对学生尽心尽责。虽然访谈中的多数教师认为大学的师生关系不可能像高中那么亲密，教师也不可能再手把手地带学生，但他们普遍主张应给予学生的学习尽可能多的支持。例如，教师对学生仍需要有足够的爱心和耐心，用心去关心学生的成长。大学教师的职责较多，需要教师提高工作效率才能更好地指导学生。此外，由于学生和教师之间交流的时间较为有限，因此更需要教师提高自身与学生的沟通能力，积极与学生交流，及时为学生提供相应的帮助。

另一方面，教师要加强专业知识学习和教育理论知识的学习。有教师认为，现在信息更新很快，教师备课不能仅停留在相关知识点的讲解上，他们需要具备从浩瀚的材料中筛选出有用知识的能力以及开阔的视野，能够回答学生提出的各种问题。教师应保持一种持续学习的心态，扎根于专业知识的学习，踏实备课。

U3 教师说：

"想要学生进行自主学习，对教师的要求更高。因为你要为学生开一条缝，所以你要先知道从哪里给他开一条缝、学生进去后见到的是什么，这个很关键。"

该教师认为教学经验、成长经历以及教育理论影响了她对教与学的认识，并对后者进行了强调。

U3 教师说：

"我是从一个戏剧中了解到保罗·弗莱雷这个人的，然后我就去研究他的教育学作品《被压迫者的教育学》，我觉得写得很有道理。这些教育理论影响了我，我尽量去解放学生，使他们从学习中获得解放。"

教育理论的学习会影响教师的教学理念，进而影响整个教学的过程。教师应积极学习相关的教育理论知识，加深自身对教与学的理解，以便更好地指导教学实践。

已有研究中，在探索如何促进学生的自主学习时主要从学习的认知、动机、策略等维度展开。同时，强调教师要能为学生树立自主学习的榜样并为学生提供进行自主学习的条件和机会。在本研究中，不少教师认为应帮助学生树立自主学习的意识，让他们对自己的学习负责。教师不再把教学看成一个灌输的过程，而重视对学生进行方法的指导。大多数教师会为学生创造自主学习的机会，如让学生进行课前五分钟的口头表达或让学生进行小组合作学习。之后，由教师和同班同学对学生的表现给予反馈和评价。此外，在本研究中，多数教师认为教师应为学生树立良好的榜样，保持持续学习的心态并不断地提高自身的素质，才能更好地指导学生进行自主学习，这些与已有研究所强调的有相似之处。随着信息技术的发展，互联网在教学中的应用也越来越普遍，我国不少学者还专门研究了网络环境下自主学习的开展。由于现实条件的限制，多媒体信息技术在大学英语的自主学习教学中应用虽然比较广泛，但在高中相对比较局限。在本研究中的大学专门搭建了学生网络学习的教学系统，而高中只是在资源的查找与分享等方面进行运用。可见，如何进一步完善各种媒体资源在两个阶段英语教学中的应用还有待进一步探讨。除了多媒体设备以外，微博、微信、抖音等新兴媒体的使用可以更好地与学生进行互动，增进师生、生生之间的情感共鸣，进而促进学生的自主学习。

本章小结

高中和大学英语教师对自主学习内涵、教学与教师角色、学生与学生学习的认识、自主学习教学促进和阻碍因素等的认识既有相似点也有不同点，通过对这些异同点进行分析发现，社会的大环境（如对学生自主学习能力的要求更高）、教育制度（如高考制度）、学校及学院的支持（如美丽的校园环境、网络互动平台的搭建、教师培训）、教师的经历（如生活经历、教学经历、学习经历）以及学生对待学习的态度等会影响这些异同。可见，两阶段英语教师信念会影响他们采取的教学措施。不管是高中生还是大学生，他们在英语学习的过程中都存在缺乏兴趣、动力不足的问题，教师可以通过提问、为学生创造展示的机会并给予学生更多的鼓励等帮助学生树立自信心，并激发学生学习的兴趣。不少大学教师意识到自身对学生学习的重要影响和作用，强调教师要不断地加强对自身的完善；有的高中教师也指出学习是无止境的，教师应进行终身学习。学生的英语学习需要经历从高中到大学的衔接，高中和大学的英语教师应加强沟通和交流，共同帮助学生衔接学习。

在对两阶段教师关于自主学习教学促进和阻碍因素的认识进行比较、分析的基础上，关于促进学生自主学习，本研究从两方面进行了阐述：一方面促进两阶段教师对自主学习的理解，提高教师自身的教学水平并加强两阶段教师的沟通和交流；另一方面利于学生真正从中受益，促进学生从高中到大学英语衔接学习的适应。

第六章　研究结论、建议与展望

教师的教是为了学生更好地学。两阶段英语教师对教学、自身角色、学生、学生学习的认识是他们关于教与学本质的认识。本研究从自主学习的视角出发，探讨不同阶段的英语教师信念。在已有研究的基础上，本研究进行了一些新的尝试，但仍存在一些不足之处需要进一步完善。

第一节　研究结论

高中和大学的英语教师都认同学生自主学习能力培养的重要性，多数教师能够尽量创造条件促进学生英语学习的自主性。由于两阶段所处的环境不同，因此两阶段的教师信念同中有异。

一、高中英语教师信念

结合我国的国情，由于高考的压力使大部分高中英语教师认为学生的自主学习应是教师指导下的"有限的自主"。高中英语教师普遍面临应试的压力，但多数英语教师通过课内外多种途径在促进学生自主学习方面进行着积极的努力。大部分高中教师对学校开展的丰富的社团活动给予了充分肯定，如外语节、模拟联合国、外语配音大赛、英语演讲比赛等。不少教师认为英语报纸阅读、外国名著阅读以及阅读自习课的开设等是不错的举措；有的教师则主要通过布置学习任务让学生合作完成，并通过展示来激发学生英语自主学习的兴趣和动力；个别教师还提到学校开设的研究性学习课程也是提高学生英语自主学习能力的途径。强调自主学习并不是否认合作学习和教师的指导作用，有个别教师认为合作学习是促进学生自主学习的有效途径。

教学是有目的、有计划进行的，因此不少教师表示，教学存在不可控因素，外在的环境以及学生自身的能力水平等会影响教学的效果，但教师在教学的过程中仍起着重要的作用，他们能够在一定程度上决定教学。学生的成长是个变化的过程且学生具有个性差异，所以教学不应是一成不变的，而是需要根据学生的实际需求灵活调整。在本研究中，有部分教师认为在教学的过程中应对学生进行思想教育，让学生意识到学习的重要性，并引导和帮助学生朝正确的方向发展。

学生是学习的主体，也是具有独立思想的个体。高中生对教师的依赖性比较强，他们需要更多地获得教师的情感支持。高中英语教师认为，他们不仅扮演着学生学习生活的指导者、辅助者、监督者、评价者等角色，甚至有时候还需要扮演家长的角色。研究中有不少教师提到在日常的学习生活中会关注学生的状态，适时地找学生谈心。有个别教师甚至认为学生的情感体验没有引起社会、学校和家长足够的重视，在这方面应多给予关注。虽然有个别教师很强调教师的权威及学生对教师的尊重，但较多的教师认为师生之间是平等的关系。教师要真正地关心学生的成长，赢得学生的信任。一些教师认为，如果教师没有和学生形成良好的关系，那么学生很有可能会排斥教师上的课。由于高中生课程压力大，因此不少教师认为学生能够较好地配合教师完成学习的任务即可。然而，也有个别教师希望学生能够在配合教师教学的基础上有所创新。教师认为缺乏对学生的自主学习进行有效评价的方式、学生学习的动力不足等会阻碍自主学习教学的开展。

二、大学英语教师信念

大学阶段，学生自主安排的时间多了，学习的弹性更大，学生的英语学习不再只是为了应付考试，学习的目标更为多元。不少教师认为在大学阶段，对学生的英语学习不能一刀切。对那些要出国留学、考研、找工作等有英语需求的，教师希望学生能够积极、主动地花更多的时间学习；而对于那些对英语没有太多需求的学生，只要求他们能够完成大学英语课程基本的学习任务。虽然学生的学习有了更多的选择权，但在这个过程中教师仍起着重要的指导作用，学生的英语学习仍是教师指导下的"有限的自主"。部分英语教师仍强调给学生布置学习任务、为学生划学习的重点，以至于大学生的英语学习还没有完全摆脱高中的学习模式。当然，大学教师在促进学生自主学习方面也做了一些积极的努力。

在本研究案例中，大部分大学教师认为"2+2"的学习模式以及分级教学是促进学生自主学习的有效形式。大学阶段学习的手段更为多元，学习的内容也更为丰富。在学习手段上，一方面，教师在课堂上会给学生提供一些自我展示、小组讨论的活动，有的教师还会适当地为学生布置一些研究性的学习任务；另一方面，教师会充分利用互联网信息技术的发展，与学生进行线上的交流与互动。教师可以在网络教学平台上分享教学资源、批改作文等。学生也可以在"办公时间"（office hour）通过 QQ、微信、邮箱等途径与教师交流，这种学习模式为学生的英语学习提供了更多自主学习的空间。此外，学生是具有个性差异的个体，分级教学有利于教师进行因材施教。大学英语教学也是有目的、有计划的，需要精心安排，让教师在教学的过程中有所作为。当然，教学效果的好坏也会受到学生自身发展水平及其自身的努力程度等因素的影响。不少大学教师认为学生的主观能动性，即学生是否有意愿进行英语学习是影响他们英语学习结果的重要因素。

大学阶段，学习的内容更为丰富。教师应通过教学，为学生提供一个更为开放的学习环境，引导学生积极探索，开阔学生的学习视野。教师在教学的过程中扮演着启发者、设计者、资源提供者、测评者和监督者等角色。部分教师强调，由于大学的教学内容更具开放性，因此教师需要帮助学生筛选合适的学习内容。此外，在教学过程中教师也应适当地鼓励学生独立学习。大学生的身心发展更为成熟，他们不应对教师过度依赖，所以较多的大学教师希望学生能够进行深层次的、创新性的学习而不是仅仅停留于单词、句式的识记上。由于学生存在个性差异且不同学生学习英语的目标不同，因此教师还应针对实际情况提供不同的帮助。本研究中，大学英语教师认为班级规模过大、学习结果难以量化评价以及学生学习动力不足等因素阻碍了教师自主学习教学的开展。

三、高中和大学英语教师信念的比较

关于如何立足自主学习视域，笔者通过对高中和大学的英语教师信念进行梳理分析可知，两阶段教师的相同处在于都认为自主学习应是教师指导下的"有限自主"，强调教师对学生的学习、成长起着重要的引导作用。学生不应过度依赖教师，而应更多地为自己的英语学习负责，同时合作学习也可以是促进学生自主学习的一种途径。不同之处在于高中和大学师生关系的亲疏存在差异。高中教师与学生日常相处的时间长，对学生的情感关注更多，师生关系也更为亲密，学生对教师的情感依恋较深；而大学教师平时除了上课，跟学生接触不多，教师更多的是为学生提供学习内容和方法上的指导，较少

关注学生的情感需求。

良好的校园环境、学校对教师教学的支持以及信息技术在教学中的应用等是促进自主学习教学的有效措施，而学生英语自主学习结果难以量化、学生英语学习的功利性心理以及教师监管存在困难等则会阻碍自主学习教学的开展。不同之处在于，大学生比高中生拥有更多可自由支配的时间，大学教师拥有更大的教学自主权。

第二节　相关建议

多数受访教师会充分利用有利条件并克服相关困难来促进学生的自主学习。不同阶段的环境、学情不同，教师和学生对自主学习的理解和践行也存在一定的差异。为了更好地促进学生从高中到大学英语学习的过渡，本书尝试提出以下建议。

一、对高中英语教学的相关建议

高中与大学相比，高中最受关注的就是高考。在高考的指挥棒下，高中的教与学有了更多的约束，而少了几分自由。高中英语教师如何有效开展自主学习教学，学生又如何培养英语的自主学习能力，可以从以下几方面做起。

从政策层面看，目前高考制度对我国英语教学的开展仍具有重要的影响，因此高考改革的内容、程度对于促进学生的自主学习具有重要指导意义。高考英语考什么、怎么考，怎样才能更好地测评出学生的英语水平需要谨慎对待。虽然在《普通高中英语课程标准》（2017 年版 2020 年修订）中明确地提出要发展学生的自主学习能力，但对自主学习能力具体体现在英语学习的哪些方面却没有做出明确说明，而学生的能力又难以量化，这样就难以对其进行评价。与此类似，我们强调培养学生英语学习中的思维能力、创新能力、解决问题的能力等，如果我们对这些能力的培养没有清晰的认识，也没有合理的评价方式，那么又如何做到有效评价？有些学生可能很会做题，但在现实生活中却不懂得怎样运用他们的语言能力。虽然高考一直在改革，但当前多数人仍过于强调学生在考试中获得高分，且我国缺乏灵活的评价机制，使学生在功利心的驱使下学习英语。因此，政府和相关部门应出台相关政策对学生的自主学习进行有针对性、可操作性的评价，如发布施行高中英语学生自主学习评价指南等。对学生英语学习的考核评价的内容与形式可以更为多元，即使是书面的考试，但内容也可以相对开放些。此外，我国缺乏相对完善的法律机制、良好的职业道德氛围，不少高中在购书自主性方面受到限制。而国外的经典原著对学生增长见闻、培养语感、了解外国文化及培养学习兴趣等都是有益的。政府部门应制定相关政策文件，一方面保障学校能够获得一定的购书自主权，另一方面又要对其进行适当的监督和约束，禁止一些学校出于商业利益而随意购书。

从学校或社会层面看，如果希望培养学生的自主学习能力，那么这种能力在英语教学中应如何体现、怎样才能有效地进行评价是关键，不同学校可以根据各自的办学理念和办学特色有的放矢。不少学生如果在短期内看不到学习的结果甚至意识不到自己所学的知识对他今后的发展可能产生的重要影响，他们学习的积极性就会大打折扣。在受访的高中教师中，有一位教师提到可以在每次的考试中用5%甚至10%的比例分值来检测学生课外阅读等自主学习的情况。这种建议的前提假设是教师提供给学生的阅读材料甚至设计的活动是合理的，能够较好地体现和发展学生的自主学习能力。一方面，学校应认真学习贯彻教育部颁发的《普通高中英语课标准》（2017年版，2022年修订），结合学校实际设计出评价学生自主学习能力的合理方式，在整个年级甚至学校中形成良好的教研氛围，在对学生自主学习情况考核方面获得教师一致的看法并落实；另一方面，学校应开展相关的教师培训为教师的专业发展提供平台，可以定期或不定期举办相关会议、讲座或沙龙等促进教师在理论方面获得提升。同时，促进教师对自主学习内涵、表现形式、具体操作、评价方式等形成更为清晰的认识，并在实践中不断加以完善。

从教师层面看，学生的自主学习对教师提出了更高的要求。学生自主学习并不意味着教师作用的减弱，而是更强调教师对学生的有效指导和帮助。一方面，教师应不断地提高自身的专业技能和知识技能、提高教学办事效率，在课余时间应广泛阅读、扩大自身的知识面，只有这样才能在有限的时间里为学生提供更有针对性的指导。同时，教师还需要善于灵活地采用多种方式调动学生学习的积极性和自主性。结合教学，教师可以在课堂或课后适当地为学生推荐一些经典的英文电影和歌曲、开展趣味性的英文戏剧表演等激发学生英语学习的兴趣。学生是能动的主体，也是具有发展潜能的主体，教师要善于发现学生的优点，多给学生提供一些自我展现的机会。另一方面，教师应加大对学生的理解和关爱，获得学生的信任，以便更为有效地监督、管理学生的学习。此外，学生的学习水平存在明显的个体差异，他们进行自主学习的程度、效果也不一样。教师在设计相关学习任务或活动的时候，应充分考虑学生的个体差异，尽可能地让每个学生都能在自主学习中有所收获。

从学生层面看，社会、学校、教师、家长等应帮助学生树立人类命运共同体意识和多元文化意识，坚定文化自信与树立正确的世界观、人生观和价值观，让学生形成自主学习的意识和责任感，为继续学习和终身发展打下基础。虽然在考试中取得高分很重要，但学生不应以此作为学习的唯一目标。在平常的学习、生活中学生可以多涉猎一些优秀的英文作品，如小说、电影、音乐等培养学习英语的兴趣并养成良好的习惯。这样，他们在英语学习中的视野会更加开阔，而不是机械、乏味地识记英文单词、句子。学生的英语学习也才能更为自觉、主动。由于该阶段的学生需要学习的科目多、课业负担繁重、分摊到各科的学习时间相对有限，学生更需要合理掌握、分配时间，提高英语学习的效率。因此，他们需要在教师的指导下掌握英语学习的有效策略。学生在高中时期身心发展不够成熟、自制力比较差，教师应多与学生交流、沟通，听取他们的反馈意见，并为他们提供合理的建议，促进学生的自我反思。只有当学生真正把自己当成学习的主体时，他们才能进行有效的学习。

二、对大学英语教学的相关建议

大学是各行各业人才培养的摇篮。高等教育阶段的学习为学生毕业后职业选择及人生规划等奠定了重要的知识基础。大学英语学习可以帮助学生在四、六级考试中取得更好的成绩，拓宽毕业后的职业选择，还可以开阔学生视野、丰富学生的学习生活。结合当前大学师生在英语自主学习教与学中遇到的问题，本书提出以下建议。

从学校层面看，大学的班级规模实际上受许多现实条件的限制，如学生数量和教师数量的不匹配、可利用的教室数量有限。学校是否能够在一定程度上增加教师数量，同时注意教室资源使用的管理、灵活调整教室在不同时间段的使用情况，均需要学校进行规划、提高管理效率。学校或许难以从一个班五六十人的规模下降到二三十个，那是不是可以适当地降低一些，如四十人左右。抑或根据实际教学的需要做相应的调整，如一些知识讲解的课程采用大班授课，同时每周又腾出部分课时进行戏剧表演、演讲等听说训练的小班教学的课，即采用大班与小班相结合的制度。另外，针对一些外在因素影响部分教学楼的正常上课的问题，学校应在这方面加强管理，为学生营造良好、适宜的学习环境。除此之外，学校可以举办与之相关的公益讲座、名师讲座、英文演讲比赛、英文歌曲大赛及英文小剧场等，进一步推动校园文化建设，营造大学生英语自主学习的良好氛围。

值得一提的是，我们需要较好地平衡大学英语教师的教学与科研。毫无疑问，做研究是大学教师的任务之一，但绝不是唯一。如果在教师考核制度中教师的教学没有得到应有的重视，而是把重心更多地倾向于科研，那么这样势必会影响教师教学的积极性。教师在评价指标的要求下会把更多的时间和精力用于钻研课题、发表论文，而无心于提高教学水平。如此一来，教师又怎么有时间去关注、了解学生的需求，又怎么做到因材施教促进学生英语学习的自主性？虽然教学与科研之间不存在必然的矛盾，但过分倾斜于一方则难以达到预期的效果。因此，笔者认为我国在提高教学在英语教师考核评价中的比重时，学校需给予大学英语教师应有的尊重和待遇，促进他们更为积极地投入教学中。

从院系层面看，不少学院能结合时代发展的特点搭建师生网络互动的平台，这无疑在较大程度上促进了教师和学生之间的沟通和交流。尤其是新形势下的今天，各种媒体平台的使用保障了正常教学的开展，但在这个过程中也存在一些问题。为了能够更好地服务于师生，相关的平台需要进一步完善，如出现的计分问题、作文批改网纠错等存在不规范问题等会给师生的使用带来不愉悦的情感体验，进而降低师生使用的积极性。另外，相关部门还应加强对教师网络技术使用能力的培训。每学期规定一定的时间让教师接受培训，指导教师如何更为方便、快捷地利用网络上传资料、共享资源，只有教师掌握好了技术，他们才能游刃有余地利用网络技术与学生展开更多的交流和分享。此外，针对网站资源的局限问题，学院可以采取一些措施激发教师在网络平台互动的积极性，如可以把教师在网络平台上提供的材料以受到学生欢迎的程度作为考核教师教学的一个维度，抑或将其作为优秀教师推荐的一个考量因素等。当然，在这个过程中要注重对教师知识产权的保护。

从教师层面看，教师数量的缺乏会影响教师对学生的关注程度。学校在某种程度上应增加辅导员和任课教师的数量。辅导员的增加能够使更多的学生及时受到相应的关注。辅导员应在生活上、学习上给予学生更多的指导，帮助学生树立正确的人生观和价值观，把有限的时间用在更有意义的学习上。当然，数量上的增加只是一方面。另一方面，大学英语教师不再像高中教师那样紧跟着学生，监督的方式、方法也应更为灵活。教师在课下还应通过各种途径，如 QQ、Email 等了解学生的学习动态，及时提供指导和帮助。虽然对学生英语自主学习结果的评价，不同教师"仁者见仁智者见智"，但应有一个大致的标准，即对学生的学习有一定的预期，如让学生通过小组讨论及课下的独立学习完成一个任务以提高学生的英语口语表达能力或演讲能力等。由于每个学生的特点不一样，现实需求也不一样，因此大学英语作为一门公共基础课对学生自主学习能力的要求也不应该一刀切。教师应根据学生的实际情况，有的放矢地提供相应的支持。

从学生层面看，学生是学习的主体，如何让学生更为积极、主动地投入学习中需要社会、学校、教师等的共同努力。社会应加强精神文明建设，树立好学乐学的良好风气。在新的对外开放形势下，对英语学习应有更加科学的认识和定位。比如学校及学院应为学生学英语营造良好的学习氛围，多举办一些国际性会议、英文歌曲大赛、英文戏剧表演等活动，激发学生英语学习的兴趣。由于学生的心智还不够成熟，教师需要引导学生更为全面地发展并以能力培养为向导，使学生尽早做好职业发展规划，让他们对英语学习的目标形成更为科学的认识。英语学习是双向文化输入，学生在他们今后的学习甚至职业发展中应正视英语学习具有的重要作用，即语言运用能力、文学赏析能力、跨文化能力、思辨能力、自主学习能力以及实践能力等，继而根据学生自身发展的需要，有目标地开展深入学习，或达到课程学习相关要求。大学生需要具备良好的综合素质、扎实的基础和专业知识与能力，做应用型、复合型人才，因此，他们更应在教师的指导下根据实际，做出适合自己的选择。

三、高中和大学英语教师共同帮助学生衔接学习

高中生每天的学习都安排得很紧凑，教师几乎每天都和他们在一起。到了大学，学生自由安排的时间多了，教师也不再时刻关注学生。受访的不少大学教师表示，学生从高中进入大学在学习上存在一定的衔接问题。

U7 教师说：

"有些学生上来后会觉得教师好像都不管他们了，没有像高中教师跟得那么紧，每天要做什么，会给他们很明确的目标。……学生会觉得什么都得自己来负责，自己来管理，会觉得好像迷失了方向。"

有教师则指出，学生到了大学不懂得制订学习计划，也不知道如何进行学习。有些学生似乎还保留着高中的学习习惯，对教师过于依赖，以至于到了大学都不会选择学习内容。

U6 教师说：

"许多大一的学生课后会问作业是什么，或反馈说作业量太少，我觉得这些都是学生不会自主学习的表现。学生完全可以自己去选择一些他们感兴趣的读物，但他们却都等着教师去安排，而不懂得怎样去自主学习。"

此外，高中和大学不同的学习方式和学习要求也是造成学生学习不适应的原因之一。大学对英语的综合能力要求较高，而高中英语更多的是侧重学生读写的训练，一些大学教师反映虽然学生的语法掌握得不错，但学生的语音不标准，他们认为有些高中教师在语音方面需要提高。有大学教师指出高中英语学习过于碎片化，更多的是训练学生正确答题，导致学生到了大学难以将学习材料联系起来；还有的大学教师认为高中的本土学习教材与大学的不接轨，针对学生在衔接上存在的问题，两阶段教师可以做以下努力。

首先在教材方面，高中可以适当引进一些国外的学习材料，让学生能够接触到原汁原味的英语作品。抑或教师多花一些时间和精力指导学生从正规的报纸、期刊、出版物、网站等渠道寻找适合的学习材料。一方面，这有利于学生养成很好的阅读习惯以便更好地适应大学的英语课程，另一方面也能够帮助学生开阔视野。其次，可以借鉴外国语学校（高中）的经验，如多开展一些丰富多彩的英语课外活动，既能够提高学生的英语听说能力也可以增强学生的英语综合应用能力，使学生对英语的学习能够形成一个整体的认知而不是停留在各种题型的训练上。再次，针对学生过于依赖教师的问题，高中教师应侧重对学生学习方法的指导，在教学的过程中要注意培养学生的独立思维能力、批判能力以及创新能力，而不是把学习任务、学习材料等都安排好让学生去配合学习。最后，针对一些高中教师的语音问题，学校可以为教师提供一些培训的机会，为教师提高自身能力创造平台。问题的关键在于高考制度，高考英语改革需要多方配合，正确看待高考，方能使应试的成分减少。本研究也希望高中英语教师正确引导家长和学生看待高考这个大环境，也能像外国语学校（高中）有些优秀的英语教师一样，做到学习考试、创新培养两不误。

大学英语教师既然看到了学生在衔接上可能存在的问题，平时在网络上就可以与学生多进行一些交流，了解学生的想法并把大学教师对学生的期待告诉他们，帮助学生对大学里的师生关系形成正确的认识。此外，大学英语教师要在方法上更多地指导学生，帮助学生进行学业和职业规划，合理地安排、利用在校的学习时间。学生有了明确的学习目的，他们在学习上才能更有动力。大学生的学习更自由，也有了更多的选择权，所以，大学教师如何正确引导、帮助学生做出合适的选择至关重要。大学教师也可以适当地到高中开展讲座，与高中生交流大学英语教学的内容、要求、方式等，让高中生提前对大学的英语教学有一定的了解。高中生进入大学后，一时还无法摆脱对教师的依赖，大学英语教师需要多些耐心、给予学生适当的情感关注、帮助学生慢慢适应大学生活。对于大学英语教师自身而言，应通过理论学习、教学实践多种方式不断地提高自身的专业素质、职业道德素质以及教学能力等。

第三节　本研究的创新与展望

本研究尽可能地呈现当前某外国语学校（高中）和某大学学生英语学科的自主学习现状，对两阶段教师的信念进行比较、分析。与已有的研究相比，本研究有所突破，但仍有需要加以完善的方面。

一、研究的创新

（一）立足自主学习视域

国内外关于自主学习的研究不少，主要是运用问卷调查的方法探讨自主学习的内涵、特征、条件以及如何开展自主学习等。国外不少研究对中小学教师以及学生进行调查并以此探究教师信念，从而促进教师对教与学的理解。近年来，国内关于教师信念的研究日益丰富，运用隐喻分析教师信念的研究也越来越多，然而，国内外从自主学习视角出发对教师信念进行研究的较少，而对不同阶段的英语教师信念展开研究的更少。本书对此进行了一些补充，以期丰富已有的相关研究。

（二）隐喻方法的使用

隐喻作为一种认知方法，由于其具有内隐性，在使用的过程中还存在一定的局限性，因此相关研究中隐喻的使用相对谨慎。本研究为了能够较为科学、合理地运用隐喻，参考已有研究中的相关隐喻句，并结合我国国情与教育教学实际进行思辨与创新，引导教师对其进行描述和评论。与此同时，在本研究中也让教师创作教学隐喻图。这在国内外的相关研究中都较为少见。调研结束后，笔者还会根据需要跟受访对象确认相关信息，以便尽可能减少隐喻在使用过程中可能出现的一些问题。

（三）跨阶段进行研究

虽然已有学者对高中和大学的教师信念进行过对比研究，但大多数研究主要针对某一阶段教师或学生进行，对不同阶段教师信念的比较研究较少。国内大部分学者所做的研究主要是关于大学教师信念，对中小学教师、学生信念的研究不多，而对不同阶段的教师信念进行同步研究的更少。本书选取了高中和大学两阶段的教师作为研究对象，以促进两阶段教师之间的相互理解和支持，进而促进学生从高中到大学的学习衔接。

（四）针对英语教师信念的研究

虽然国外也有学者对把英语作为第二语言来进行教学的教师展开了针对性的探讨，但这样的研究不多。国内大部分研究则具有普适性，且针对某一具体学科的教师信念研究也很少。英语作为一种基础外语交流工具，在高中和大学不同阶段的学习变化较大，学生如何更好地适应这种变化，对于他们学好英语与更好地适应社会的需求具有重要意义。

二、研究的展望

从自主学习的视角出发，对不同阶段的英语教师信念展开探究对英语的教与学具有重要意义。由于笔者的研究时间和精力有限，该研究还有待加强和完善，具体分为两个方面。

一方面，应拓展研究的广度与深度。本研究关注的是自主学习视域下高中和大学的英语教师信念。本研究在两阶段各选取了一所学校展开调研。这两所学校的整体办学质量较好，学生的综合素质较高，那其他普通的高中和大学里的教师信念又是怎样的？且研究只涉及英语学科，其他学科的教师信念又是怎样的？是否有所区别？这些问题在本研究中都没有涉及。希望本书能够起到抛砖引玉的作用，其中的思路和方法可以有益于其他学科开展类似的研究，让更多的人关注教师信念，帮助不同学科的教师获得发展，并促进学生的自主学习。

另一方面，应运用多种方法开展系统、全面的研究。研究中受访教师对相关隐喻句的表述及隐喻图的创作更多地反映他们对自主学习、师生及其教与学的一种应然的认识。在实际的教学过程中教师是如何具体实施教学的，学生对教师教学的反馈又是怎样的，以期未来可以通过观察教师的课堂教学与学生访谈等进一步验证教师的认识，这对两阶段教师信念的研究将会更加深入。

附录1

高中生英语自主学习调查问卷

_____同学您好!

为了解高中生的英语自主学习现状,帮助高中生提高英语成绩,我们特邀请您参与此次调查。恳请您根据实际情况作答。回答这份问卷大概需要 5 分钟。您所提供的全部信息,将会进行匿名处理,仅供学术研究之用,请您安心作答。非常感谢您的参与和支持!

您的年级:A. 高一　　　　B. 高二　　　　C. 高三

性别:A. 男　　　B. 女

下面的条目是关于英语自主学习情况的描述,请在相应的位置打"√"。完全符合您实际情况的请选择"非常同意",依此类推,完全不符合您实际情况的请选择"非常不同意"。

问题	非常不同意	不同意	不确定	同意	非常同意
1. 我相信自己能够学好英语这门课。					
2. 我有较为清晰的英语学习计划。					
3. 我的课余时间花在英语学习上的最多。					
4. 我积极参与英语课堂学习并能够独立发现问题。					
5. 我会尽量通过多种渠道（书刊、电视和电影、互联网等）学习英语。					
6. 我能够主动地进行预习和复习。					
7. 我能够独立地解决学习中遇到的困难。					
8. 我能够反思和改善自己的英语学习行为和技能。					
9. 我学习英语主要是为了在考试中取得高分。					
10. 我常常把教师当作权威。					

再次感谢您的参与和支持。

附录 2

非英语专业大学生英语自主学习调查问卷

为了解大学生的英语自主学习现状，帮助大学生提高英语成绩，我们特邀请您参与此次调查。恳请您根据实际情况作答。回答这份问卷大概需要 5 分钟。您所提供的全部信息，将会进行匿名处理，仅供学术研究之用，请您安心作答。非常感谢您的参与和支持！

您的年级：A. 大一　　B. 大二　　C. 大三　　D. 大四

性别：A. 男　　B. 女

下面的条目是关于英语自主学习情况的描述，请在相应的位置打"√"。完全符合您实际情况的请选择"非常同意"，依此类推，完全不符合您实际情况的请选择"非常不同意"。

问题	非常不同意	不同意	不确定	同意	非常同意
1. 我相信自己能够学好英语这门语言。					
2. 我有较为清晰的英语学习计划。					
3. 除了专业课学习以外，我的课余时间花在英语学习上的最多。					
4. 我积极参与英语课堂学习并能够独立发现问题。					
5. 我会尽量通过多种渠道（书刊、电视和电影、互联网等）学习英语。					
6. 我经常对自己英语学习的效果和情况进行评价。					
7. 我能够独立解决学习中遇到的困难。					
8. 我认为英语学习的成败主要取决于自己。					
9. 我认为通过四、六级考试是影响我英语学习的主要因素。					
10. 课堂教学应该是教师鼓励学生决定自己学什么和怎样学。					

再次感谢您的参与和支持。

附录3

英语教师信念访谈提纲设计

尊敬的教师：

您好！

此次研究的目的在于了解自主学习视域下高中和大学英语教师对自主学习、师生角色及教与学等的认识，进而为两阶段教师的沟通与交流提供相关建议，从而更好地促进学生从高中到大学英语学习的衔接。该访谈将以匿名的形式呈现相关研究结果，请您尝试对以下有关教学和学习的描述进行评论并在评论结束后提出您更倾向的一种隐喻，说明其原因。

教学
一、请对以下的每个隐喻进行评论
1. 教师的任务在于把深奥难懂的材料分解成部分提供给学生； 2. 教学就像在风中播撒种子，教师不能决定它将会发生什么； 3. 学生就像原材料，需要按照之前决定的模式来进行塑造； 4. 教学就像在教学内容的不同部分间建立联系； 5. 教师的任务在于为学生安排一个建筑工地并为他们提供相关的材料； 6. 教学就像一次旅行，教师作为学生集体的引导者； 7. 教师就像园丁，他给予园中的每棵植物它们所需要的
二、您更倾向于哪个隐喻，为什么？如果您有更合适的隐喻，请补充

续表

学习
一、请对以下的每个隐喻进行评论
1. 学习就像买东西； 2. 学习就像爬山； 3. 学习就像建房子； 4. 学习就像做饭； 5. 学习就像旅行； 6. 学习就像树的生长； 7. 学习就像储存数据
二、您更倾向于哪个隐喻，为什么？如果您有更合适的隐喻，请补充

补充问题：

1. 您认为什么是自主学习？

2. 在自主学习教学改革中，教师和学生分别扮演着什么角色？

3. 您对学生目前的自主学习能力满意吗，为什么？

4. 您在开展自主学习教学中是否遇到过困难？有没有有利条件？

5. 您认为采取什么措施更有助于促进学生的自主学习？

附录 4

高中英语教师部分访谈资料归纳整理

一、对自主学习内涵的理解

S1："自主学习应该不是放任学生，由他们来乱学的。自主学习应有教师的引导。在学习的过程中教师应为学生提供一些支持，更重要的是它不像教师完全控制下的学习。自主学习应该是，教师给学生一个星期或两个星期去完成相应的任务，教师会有相应的测试，在这个过程当中教师要看学生存在哪些困难，为他们提供相应的资源、策略，也就是为他们提供相应的帮助。"

S2："很难在短时间内下一个合适的定义。自主学习不是教师把现成的知识给学生，教师可以教给学生一些方法，学生自己去开发一些资源，他可以利用这些资源，依靠自己的力量去完成教师设置的任务。"

S3："自主学习客观来讲是因人而异的。学习有广义和狭义之分。广义的学习，有的人出生就比较喜欢、爱好，天生的居多。后天的培养也有，但是作用不大。狭义的学习，也就是学校的学习，会比较复杂，但它也有天生的。学校的环境、教师的作用、家庭的作用会影响学生的自主学习。（追问：您觉得自主学习有没有教师的指导，还是学生自己去学习的？）有教师的引导，但教师的作用只是其中的一部分。"

S4: "自主学习是跟学科相结合的，教师在课堂上会创设一些自主学习的任务，会让学生分组进行小组学习，而小组学习里面又有个体学习，然后让他们做一个学习结果的展示、对比、讨论，这是一种自主学习。还有一种是通过社团，学校有各种各样的社团，这是学生认识自我、开发自我潜能的一种学习。"

S5: "以学生为主来学习，教师的指点，主要是答疑。（追问：学生的自主学习有哪些方面的表现呢？）比如学生自己到图书馆借书，自己安排、管理时间，自己安排活动。我之前在做一个课题，自编了一个戏剧，给学生一定的时间，规定哪一天由他们来表演。自主学习的一个特点就是各取所需，学生能够根据自身的需要去找他们最欠缺的东西。"

S6: "自主学习首先是学生对课堂的一些知识、技能的理解，这其实是他个人动因很重要的一个方面。其次是他在课外对于英语语言学习活动赋予的时间，还有一些额外的探索，比如我们学校比较传统的英文报纸的阅读，还有一些兴趣类的、翻译类的选修课的开设，这些都是对他们比较强大意愿的一个补充。再次就是我们学校开展的，在非教师干预的教学之下，学生自主形成的以英语为载体的非常丰富的外语活动。"

S7: "我觉得是学生愿意在课外花多少时间和精力在这门课上面。自主学习能力强的学生可能不需要通过教师的监测就能够达到任务的完成。其实除了我们的课程、课外阅读之外，我们每年都有一个外语节的活动。在外语节期间，我们会有许多相关的活动，如口语比赛、英文配音比赛、全校的英文汇演等。参与到这些活动中的学生，就要靠他们的自主学习能力去完成，教师可能会给他们一些总的指导，但至于一些细节方面需要他们自己去协商、合作去完成。（追问：学生在课堂上有没有自主学习？）课堂上我觉得主要在于教师的引导。当然，在教师的引导之后，我们还会给学生一定的时间去进行小组活动、上台做 presentation（中文演示的意思），我觉得这不太符合自主学习的概念。"

S8： "自主学习也不能完全脱离教师的指导，但是教师指导的比例可以小一点。也就是说教师布置一个任务，学生如果能够自主、自觉地去完成，并且他在完成任务的过程当中他有自己的一些想法，这就非常好。"

S9： "学生根据既有的目标、根据自己的时间安排去做一些任务，最终达成目标。在这个过程中，教师起着指导性的作用，主要还是由学生自己去学习。有教师的指导，学生做出来的东西质量会更高一些，教师应给他们方向性的指导。"

S10： "首先学生有兴趣自发地去做这件事情。另外，他们可以选择时间长短以及方式去操作。他们要能够对所学的内容按照自己的速度有个掌握。自主学习主要是学生自己去学，有需要的时候去找教师。（追问：您觉得学生的自主学习是否包括课堂上的自主学习？）其实应该也是包括的，因为我们还是不放心他们自己去学。有些地方可能不是很透彻，学生自己发现不了问题，在提问方面由于之前没有地方锻炼，所以这方面的能力稍微欠缺一点。当然，教师现在已经慢慢在放权了，比以前好多了。"

二、对教学的理解

（一）教学就像在风中播撒种子，教师不能决定它将会发生什么

S1： "我不同意，教师在大环境下还是知道会发生什么的。因为教师就像一个导游一样，知道最终去哪里，但是在这个过程当中具体发生什么不一定清楚，但主线和导向还是知道的。"

S2: "我觉得教师不能完全决定它会发生什么，但也不是完全不可控制。我们就是把该想到的问题想到，控制大的方向，但具体的肯定是不能控制的。"

S3: "前面半句过于简单，如果是那样，那么稍微懂这个学科的都可以来教学。至于后半句，应该说有时候可以，有时候不可以。当学生相信你的时候，就可以决定，'亲其师，信其道'；而当学生不相信你的时候，就无法决定。所以主要在于学生的选择，他们相信或不相信教师。此外，教师也不是在风中播撒种子，这样太随意了，而要有个计划、有个标准。因此，这种说法我不同意。"

S4: "有一定的道理，教师可以播撒相同的种子，由于学生是不同的土壤、条件，所以有的土壤适合，种子就会长得很好；有的不适合，那种子可能就白撒了。教育有时候是有一些不可预测性的。学生是发展变化的，会有许多不可预测的东西。我不主张教师非常强势，他们给学生塞满满的知识，但他们不一定是最好的教师，要适当地留给学生一定的空间。"

S5: "播撒种子的话是'种瓜得瓜，种豆得豆'。（追问：种子长得好不好，会不会受教师的影响？）那也只是好与不好，豆还是豆，瓜还是瓜。种子本身我个人觉得才是最为重要的（这里把种子理解为学生）。（追问：那后期的话，教师对学生是否会有影响？）会有影响，但是比较有限。如果从个体的成长来看，教师可以花更多的时间来纠正学生的行为，从这一点来看，教师的影响非常重要。但从整体来看，教师其实做不了什么。"

S7: "撒种子的话学生是否学得到是他们的事，这个我不太同意。我觉得教学还是有规律的，所以还是要按部就班地、有计划地去进行。教师教学就应该是有目标的。有目标就应该尽力地去达成这个目标，所以教师肯定要知道教学结束后学生的学习应该达到怎样的程度（有所预期）。没有预期的教学不是好的教学。"

S8："这个随意性太大，教师肯定能决定教学是什么样的。教学肯定有目的性、方向性，想让学生成为什么样的人。大的方向上教师要掌控，不能让他们随意地去学习。（追问：您觉得教师有没有办法完全控制整个教学？）完全决定可能不行，因为中间会有一些情况出现，而且每个学生都是独立的个体。"

S9："我不是很同意这种说法。人们有一定的目标，然后按照目标的要求，在这个过程中把每一步做好。最后出来的结果跟人们预期的目标相对来说是比较一致的。"

S10："后半句我还是挺认同的。因为在教学的过程中我们上课的时候也会有一些情况，就是教师抛出一个问题，学生的答案跟人们设想的完全不一样。这是完全可能发生的，教学当中会有一些不可控的因素。（追问：您觉得教学是随意的吗）因为人们都是有教案的，所以基本上是按照一个步骤在走。如果出现一些不可控因素的时候，那要看看它有没有价值，如果有价值，那可以适当拓展下，但还是要回归教案。"

（二）采取怎样的教学措施有利于促进学生的自主学习

S1：提出问题，让学生进行小组学习并展示等。"比如这两个星期里面，我想让学生进行自主学习，那我不会把所有的知识都教给学生。在第一节课上，我可能会以问题的形式，如小说的作者及其简介、小说的背景，学生在初看和再看之后有什么不同的感受等，以抛问题的形式来促进他们的学习。第二节课，我会让他们以小组合作的方式进行展示。我会在学生展示的过程中发现疑点，对他们进行追问，不断地引导他们去学习。"

S2：激发兴趣、鼓励学生，让学生体验到成就感。"首先一个事情要能够让他们觉得有趣，这样他们才会去做。然后，在他们做的过程中，要给他们支持，不然他们可能会觉得完成不了，会泄气。他们做完的时候，给他们机会展示，让他们体验到一种成就感。"

S3："我觉得重要的一个方面是要对学生进行思想教育，促进他们对学习重要性的认识，让他们知道知识和健康缺一不可。我可以不管他们，也可以为此做一些事情，但是没有必要，因为不能强求。每个学生都有自己的发展。"

S4："比如我们会通过展示来促进学生的自主学习。展示的过程中有教师的评价、学生的评价。因为他们在这个年龄阶段，如果他们做的事情能够得到同龄人的肯定、教师的肯定，这本身就是一个正面的评价和激励。另外，也可以有一些小奖品之类的奖励。当然，也可以把他们的小组合作的自主学习结合个人的自主学习，其中小组合作的自主学习要放在比较重要、常规的地位来进行。除了激励，也需要让学生知道这是他们必须做的任务（意识）。"

S5：编故事、开展活动、学生学习的互动与分享等。"我也会让学生写一些东西，会让较多的学生一起合作编写一部作品。我觉得这些都是他们自主学习能力的一个体现。"

S6：①开展小组活动，每个学生都能从中得到锻炼，学生之间相互影响。②"中心辐射"理念下社团活动的开展。"由三到五名优秀的学生组成主席团，通过以点带面的方式把这个活动普及开，甚至在规则、人员培训和队员培训上都可以做到自主。我要做的事情是促进和丰富这些中心学生的知识层面，接下来要让他们有团队意识，再让他们层层去普及开来。"③尝试让学生进行授课、复习课知识点讲解、习题讲解等。④课前演讲，学生课下收集相关的新闻材料等。（序号③与序号④用学生的思维、视角影响学生）

S7："多鼓励，然后告诉他们如果他们多进行自主学习，对他们今后的发展可能是一种比较好的方式。要将学生进行自主学习能够获得什么样的好处跟他们讲明白之后，让他们去做，他们可能会更愿意去做。因为英语学习很重要的就是学生要能够输出，所以要多鼓励他们去开口，让他们多说、多写。此外，我们在方法上也会给予更多的指导，如何把读书笔记做好，如何把作文写好，在做 oral presentation（即口头演讲）的时候，要怎么做才能够让你的 speech（即演讲）更加地吸引人等。我觉得指导是方方面面、无时不有的。"

S8：针对学生积极性不足或难以维持学生积极性的问题会采取的措施。"首先，我会自我反思，在这方面还有没有什么需要提高。其次，我会了解学生所处的大环境，特别是他们班级的情况。然后会跟班主任聊聊，了解学生的学习状态。（追问：您会不会尝试一些新的教学方法？）这是我反思的内容，我肯定要反思一下我使用的方法是不是有需要提高的地方，在教学方法方面肯定会有一些调整。"

S9：针对学生动力不足采取的措施。"有一些小习惯他们需要改掉。之所以动力不足，有时候是由于他们效率低以及学习习惯不好。如果确定是他们的学习习惯问题，我可能会在平常的教学、自习当中提醒一下，适时地对他们提出改正意见。另外，我会让学生侧重对基础知识的掌握，因为从基础做起，慢慢地有点信心以后，他们的动力就会慢慢地回来。"

S10：针对学生学习动力不足或不感兴趣采取的措施。"我一般会采取个别谈话的形式，具体了解下是什么原因导致的。有一些是因为基础不好，那就要帮他把基础补好。有一些学生家境比较好，学生觉得没必要去学习，这样的话就需要跟家长沟通。如果家长的期望值也只是那样，我们能做的也很有限。还有要给那些自信心不是很足的学生创造一些机会，课堂上一些简单的问题要让他们回答，或有一些活动让他们参加。对于那些出现问题的学生，会尽可能地为他们提供帮助。此外，会有学法的指导，但会个别进行，这个在课堂上比较少。一般是遇到比较新的题型，或者是问题的时候，会事先跟他们说下难点在哪儿。"

（三）教学隐喻图的创作

S1 教师说：

"这是一扇门或一个窗口（见图 1），其实我们教师是领着学生在这里面读书，告诉他们世界是很大的，路也有很多条，你选择什么样的一种学习态度、怎么学，决定了你最后将走向哪里。有的人选择的是不陡的路，有的人选择的则是常见的路，什么样的选择决定了最后走的方向。虽然学生都在这所学校学习，但是他们的内心、想法是不一样的。"

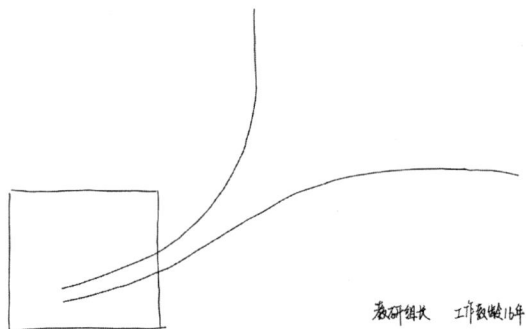

图 1　S1 教师的教学隐喻图

S2 教师说：

"教师是中间的圈，学生是外围很多的圈（见图 2）。中间的圈和外围的圈是双向的，表示教师和学生之间是教学相长的过程。他们有一个大致的目标，每个学生要怎么达到这个目标是不一样的。当

然，还有更高的目标，每个教师的目标也是不一样的。有的教师的
目标是学生的考试，有的是提升学生的学习能力等。教师定下什么
样的目标是教师理念的问题。当然教师的目标受各种因素的综合影
响。教师带着学生通过不同的途径向着目标努力，中间还会有些小
的目标。"

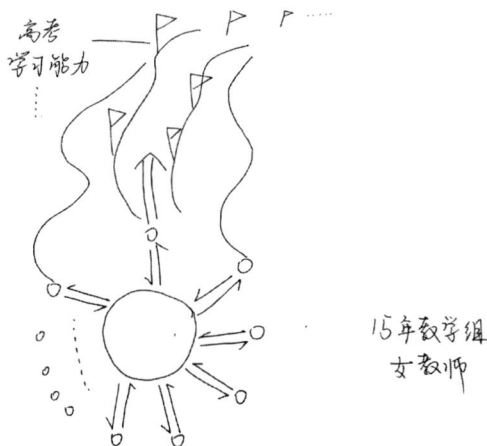

图 2　S2 教师的教学隐喻图

S3 教师说：

"我画了一个台阶，学生在一步步向上走（见图 3）。教师在上面
看，教师的要求会高点。我比较认同传统的说法，教师要教给学生
一瓶水的知识，自身要有一桶水的知识。（追问：教师在上面，那他
们需要鞭策学生吗？）对于监控、鞭策来说，我更喜欢监控，不喜
欢鞭策。如果通过鞭策能学好，是因为学生本身就有那个能力，只

是在机缘巧合下某件事启发了他。我们学校有个学生，他以前不爱读书，很调皮，但最后成绩冒出来了。他本身就有那个能力，没有那个能力教师也激发不出来。"

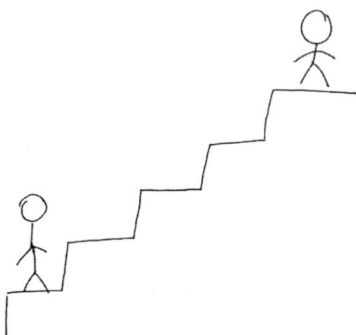

图 3　S3 教师的教学隐喻图

S4 教师说：

"这边是海，这边是山，大家一起看看海，大家再一起爬爬山（见图 4）。最好这座山的风景可以优美一点，有各种树以及太阳。有时候是教师一个人，最好教师多一点，学生也多一点，这样比较热闹。"

图 4　S4 教师的教学隐喻图

S5 教师说：

图附文："游泳不是教出来的，而是练出来的。教师必须给予学生足够的时间来练习，否则永远学不会这种技能（见图 5）。"

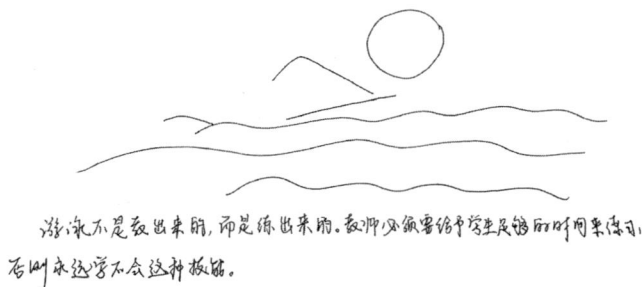

游泳不是教出来的，而是练出来的。教师必须给予学生足够的时间来练习，否则永远学不会这种技能。

图 5　S5 教师的教学隐喻图

S6 教师说：

"我从小就喜欢种花。我觉得教学更像个静待花开的过程，你要有耐心（见图 6）。买来的第一天，你根本不知道会不会开花，但你不能放弃，其动因就在于你想要看到开花，你喜欢花。接下来你要做的是播种也好、扦插也好，那是你的选择。同时，像阳光、雨水这些东西就是我们在辅助他们成长的过程中能够给予他们的鼓励、支持，甚至包括一些肥料，你要给他一些机会，让他有成长的空间。另外，温度和环境也非常重要。你做了这么多努力，如果你种的花是处于一个热带地区或是寒带气候，你是无法让你的花开出来的，尽管你努力了。你所在的学校，你所处的社会环境，他们怎看待学习以及对学习的支持度，这就是人们所谓的外部环境，教师在节奏上自己要把握好，不能辅之过勤，也不能放任不管。在教学中，你碰到了好的学生，你也不能每天喋喋不休，对他们要求过高，这样会打击他们的积极性。如果放任不管的话，他们会走到一些危险的小道去。开出来的花，它的颜色、形态和美感是什么样的。有一些花开出来并不好看，好不好看不是你能决定的，而是你的心态和理念。在我看来，我有时候养的花，不是那种很肥大、很肥美的，而是小小的一朵，可是我觉得它很美，这就是我的心态。也就是我们对学生的评价，怎样评价学生的学习结果，是成绩、能力以及态度和方法的综合。我觉得这就是一个种花的过程。"

教学更像是静待花开的过程，播撒下期晚成长的种子，浇灌以辅助成长的雨露，佐以适当的温度环境，既不能辅之过勤又不能放任不管，最终开出的花朵，颜色、形态与美感，全在乎心态与理念。

图 6 S6 教师的教学隐喻图

S7 教师说:

"我画了一棵树(见图7)。教师就像园丁,如果想长成一棵具有景观效果的树,如果它不是野生的,还是需要人们去修剪的。这样,学生才能知道往哪个方向生长。主干是学生学习的主要目标,枝丫是学生的兴趣爱好、个人思维的发展等。每个人的思维方式是不同的,接触的人也不同。有些人发展的方向不对了,就需要有人帮他修剪一下。"

图 7　S7 教师的教学隐喻图

S8 教师说:

"我画了个沙滩,这个是海浪,还有一个太阳(见图8)。我希望学生能够拥有一个开阔的眼界、知识。(追问:在沙滩上,教师和学生是怎样体现的?)我希望学生能够融入教学,能够看到教师给他们的一些知识、材料。教师肯定希望把自己的价值观和一些正面的信息传递给学生，如果学生能够理解教师的想法并做到了，那么教师也就成功了。"

图 8　S8 教师的教学隐喻图

S9 教师说：

"我画了一片海，海上有船，风格比较阳光一点（见图 9）。学生作为学习的主体，在方向上会有些迷茫，就像人们不知道船开往哪里，所以就需要教师和家长的引导。在这个过程中，会有新的事物出现，给人带来神秘感，需要去探索。学习也是这样，有一些未知，会有自己的感悟。船会感受到浪的每一次拍过，每一次刮风下雨。学生在这个过程中会有情感的体验，遇到刮风下雨怎么处理，这就是知识上的积累。（追问：您最后还画了个太阳，代表什么意思呢？）我希望学生能够有一个光明的前景，能够给人正能量。不管他们遇到什么困难，都能保持阳光的心态。"

图 9　S9 教师的教学隐喻图

S10 教师说：

　　"我会画一个小孩搭积木，我家小孩成天搭积木，并坐在积木搭成的建筑里（见图 10）。然后是妈妈，妈妈在旁边做事情（炒菜），有时候要回过头来看一下。（追问：您是觉得教学有点像家庭教育吗？）和家庭教育还不大一样，因为在家庭教育里面，孩子还是比较信赖妈妈和听妈妈的话。在学校里，我们把该说的话都说了，至于学生听不听这个很难说。这个过程主要是像盖房子，因为我家的宝宝经常搭积木，所以我才会画成这样。教学只需要教师在旁边监督就可以了，不需要一直看着他。虽然教师需要在一定的时间监督学生，但其余时间教师也有自己的事情。"

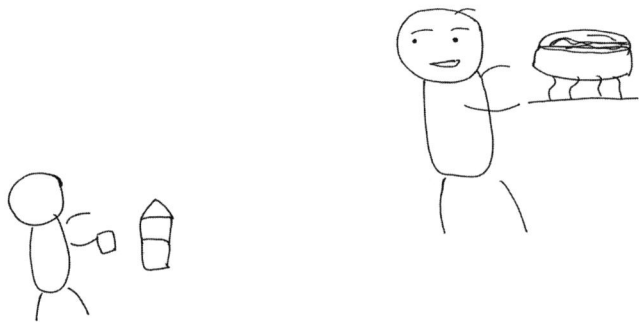

图 10　S10 教师的教学隐喻图

三、对教师角色的理解

S1：认为教师主要扮演资源的提供者、支持者和指导者等角色，教师要作为"引领者"。"我觉得'引领者'就是教师的学识、做事的风格、对学习的一种坚持、爱好和视野，都会给学生潜移默化的影响。"

S2："教师应该是起着一种引导以及支架的作用。这个支架在学生知识架构的过程中会起到一定的作用，但它是要慢慢退出的。等学生通过自己的学习慢慢地构成自己的知识体系，有了自己的学习能力之后，教师的作用就会逐渐淡出。（追问：教师需要对学生的学习情况进行评价吗？）评价是必需的，因为评价起到非常多的作用。"

S3："我们现在都有课程标准，教师要告诉学生按照这个标准去学习。我们有课程标准、教学大纲、教材，有任务，教师去执行这些任务就可以了。教师要把这些传递给学生，告诉学生用什么方法比较好。一个是内容的传递，另一个是方法的指导。（追问：教师需要对学生的学习结果进行评价吗？）评价是要有的，教师要监控学生的学习。当然，现在评价有很多方式，但考试是最直接的。还有就是教师和学生的互动、沟通。"

S4:"教师肯定是个设计者，比如他通过一个活动需要达到什么样的目标，为了实现这个目标，在这个过程中他需要设计各种大目标、小目标。而且，教师还要设计怎样达成目标的途径。另外，他还要帮助学生解决问题（帮助者）。学生肯定会遇到一些问题，教师要帮忙解决。在学生成果展示的时候，他也是个评价者。这些角色是必须扮演的，当然可能还有一些小角色。比如，在这个过程中学生可能会要求教师加入他们，因此教师也是个参与者。"

S5:"我觉得教师是监督者，偶尔过问一下学生的情况。（追问：教师会对学生的学习结果进行评价吗？）会的，我们会给他们录像，事先去买一些小礼品给他们颁奖。我当时教两个班，就把两个班合起来了。"

S6:"教师的角色在不同的阶段是会转变的。对于成绩比较好的学生，教师更多的是帮他们开阔眼界。然后让他们暴露（expose）在更广泛的语言环境之下，给他们激励的因素。而对于比较弱的学生，教师更多的是如何引导他们入门，让他们不要丧失对英语学习的信心。对于青少年来说，我觉得信心的丧失可能是对他们自主学习动因的一个损害，尤其是在中国高考这种比较严格的选拔制度下。因此，要让学生觉得他们是能够做到的。"

S7:"教师应该给学生提供一种方向性的指导，如果参与到太多的细节之中可能不是很适合，大部分事情还是放手让学生自己去做比较好。"

S8:"我很认同提纲中教学部分的第六个隐喻，即教师是引导者这个角色。因为在旅行的过程中，导游可以带领游客去不同的目的地，带他们体验不同的知识。学生有机会接触到多方面的东西，而不只是一个方面的。比如我是一个英语教师，我会让学生在了解基本的听说读写的基础上多了解一些文化的东西，我就特别愿意他们去听一些英文歌、看些英文电影、纪录片等。"

S9："教师有点像导游，给他们规划一下，做一些指导性的工作。教师还要对学生进行评估。有些学生做完一个事情也不知道做的结果如何，所以教师也扮演着一个评估者的角色。（追问：教师是否也需要帮助学生提供、筛选材料？）我们在学习材料准备的过程当中肯定会有针对性，特别是课外自主学习方面能够适当地有一些训练。"

S10："教师首先应该跟学生说清楚以什么样的方式去开展才是有效果的。教师要给学生一个框架，让他们知道大致要做哪些事情，并有个大致的计划，让他们明白下面要做些什么（会给他们一些方向性的指导）。另外，在材料的筛选上教师也是要做的。在评价的时候教师也要发挥作用，因为学生对他们自己做完的事情自己感觉还不错，但教师可以指出他们还可以在哪些方面提高。"

四、对学生的理解

S1：师生之间是融洽的关系。"学生有时候会叫我英姐，有的还会直呼我的名字或叫我外号。我有时候严格要求他们做事情，他们也会开玩笑地叫我'后妈'。"

S2："首先是学生要能够比较投入，能够保持对学习的一种好奇心和兴趣。再有是学生能够自觉地完成教师布置的任务。还有就是学生要能够和同伴之间互相帮助和分享，并能够进行沟通和协作。当然，学生也是可以向教师寻求帮助的。"

S3："作为教师，最简单的就是希望学生能够配合。像我这样的年纪，学生也会比较怕我。有时候威信也很重要，学生会在压力下学习，总比不学习好。至于他们是否能够自主学习，这个不能强求。"

S4: "我觉得学生还是愿意配合的,毕竟我们也给了他们自主权,那么肯定要根据教师每次设计的任务的质量、任务的难度及是否符合他们的兴趣等的变化,对他们的参与程度、配合程度进行调整。"

S5: "学生能够积极地参与学习、活动,师生关系相对来说比较和谐、民主。学生有时候看起来没大没小的,但课堂气氛相对比较和谐、融洽。"

S6: "我在教授英语的过程中更多的是方法的指导,而不是简单的语言的灌输。因为我相信任何语言的灌输,如果没有学生的加工处理过程都是无效的。学生除了是接收者之外,就像化学变化,教师是催化剂,根据药剂的量和药剂的属性,结果也是千变万化的。"

S7: "我觉得学生就是他们自主学习的主体,因为对他们来说学习就是目前最重要的任务。他们也会起到监督者的作用,每个对自己有自我监督的学生,他的学习效果也会更好一点。(追问:您刚才提到会跟学生进行交流,您是否认为与学生之间的情感交流很重要?)对,刚才说的教学相长是专业的部分,而情感部分也是维系师生关系很重要的一个方面。教师要让学生从自己身上学到东西,我觉得很多时候学生会反映出他很喜欢这个教师,所以喜欢上他的课,他的课会多用心。"

S8: "时间上,学生(课堂上)要能够把握好。态度上我强调学生对教师的尊重,包括他们对同学的尊重。在学习的过程中,他们能够严肃地去对待。我可能不是特别赞同在乐趣当中学。(追问:为什么?)因为我觉得学生对于乐趣的概念还不是特别清楚。他们可能觉得许多东西可以随他们的兴趣,但是如果你真的对某个事情感兴趣,你肯定要很严肃地对待它,去了解与这个东西相关的一切。"

S9: "教师应尽可能地提供材料给学生,我觉得这是教师应该做的。在这个过程当中,教师一定要去引导,不能是学生对什么感兴趣就去学,他们感兴趣的东西千奇百怪，也没办法掌握这个方向。（追问：就目前来讲，学生会不会比较积极、主动地去学？）像我刚才说的，还要看学生本身的基础，基础好的学生当然会有比较多的主动性，基础不好的学生就需要花很多时间去督促。"

S10："从教师的角度而言，学生只要能够把课堂的东西消化了，然后把课后的任务完成，基本上就达到我的教学要求了。有一些学生对于英语特别感兴趣，或特别想锻炼他的口语或其他方面的能力，我们的课堂是没有办法统一要求的。"

五、对学生学习的理解：学习就像买东西

S1："不像买东西，买东西是看到它就给它买过来，这个过程太直接了，没有一种探索。"

S2："买东西就是付出一点努力，想要什么就买什么，缺什么就买什么。"

S3："这我是赞同的，因为它体现了人的自主性。人是有自主权的。当然，说学习像消费会更专业化一些。这是针对学生一生的学习而言的。如果在学校的话，这就不赞同了。买东西可以货比三家，但在目前的体制下学生是没有选择权的。"

S4："某种程度上有点像买东西，学生要付出才会有所收获。"

S5："买东西就是一种消费。买东西就是要靠自身去努力赚钱、去买一些东西，去交换。但是，东西用完之后也就消费掉了。还是有一点道理。"

S7："不太一样，因为买东西就是自主购物。但学习的话，目前在中国，主要还是学生来学校上课，学校已经安排好了课程内容。我们也是按照课程来进行上课，它不是一个自主选择的过程。学生的可选择性不大，虽然人们

现在还开设了一些选修性的课程，但毕竟必修课程还是占了主要部分。"

S8: "我觉得现在学生的自主学习能力比较弱，买东西更多的是个人的喜好和选择，这个在高中阶段不太容易实现。高中也没有什么选修的课程，学生也没办法根据自己的个性制订一套自己的学习方案。我们说素质教育，只能在小范围内实现，或者在低年级实现，越到高年级应试的压力越大，整个方向还是以应试为主。只要考试的制度没有变，素质教育就难以实现。"

S9: "买东西是每个人都希望买到自己喜欢的、感兴趣的，学习也一样，学生会挑自己最喜欢的学科。所以如何提高每个学生对这个学科的兴趣，这是很重要的。谁都希望买到自己称心如意的东西。"

S10: "有一些相似点，但是买东西是想挑什么完全看你自己，但学习还是跟着教师的指导在走，所以不是完全的自主，如爱逛多久就多久，爱穿什么就穿什么。两者的共同点在于它们都是一种消费行为，都需要花费一定的金钱。"

六、对开展自主学习教学利害因素的理解

S1（主要困难）： ①如何对学生的自主学习进行评价，强调教研组的文化建设很重要。"因为如果学生学了，但最后的产出得不到认可，而且还有一部分功利心，他们短期之内看不到收益，那么他们就会质疑教师的做法。甚至，有的学生还会觉得教师是在浪费他们的时间，因为高考又不考那些东西。"②"由于政策原因，购书自主性不够。我觉得在这个方面特别严，购书的自主性不行。"③"促进自主学习的课时比较有限。"

（有利条件）：学校的支持力度较大。"现在课时比较有限，但我们一直在这个方面努力，而且我们学校现在就一直在做多元课程来促进学生的发展。我们学校有短篇小说，还有报刊阅读等校本课程。……我们校本课程还在高

一和高二开设了选修课程，高三就没有了。另外，我们还有个活动实践类的课程，比如外语节、模拟联合国、商业模拟竞赛，学生为了在这些活动中有好的表现，肯定就要自主学习。"

S2（主要困难）：①一些活动的开展会受到教学进度和考试制度等的影响。"我们一边要应试，另一边又要开展一些活动，有时候活动开展得不是特别的充分。"②"教师平常非常忙，精力有限，为跟上现在的步伐需要更多的机会充电学习。"

（有利条件）：①学校给予教师很大的自由度和支持。②为教师提供培训、外出听课交流等学习机会。③高一和高二是小班制教学，一个班有二十七八个学生。

S3（主要困难）：学生自身能否积极进行自主学习。"这主要还得看学生。如何激发学生的兴趣、激发他们自主学习，像英语的学习肯定是需要学生自主学习的。教师课堂上讲的只是应试或提纲策略等的内容，学生学到的也只是冰山一角，大部分知识是水下的部分。"

（有利条件）学生整体素质比较高，比较适合开展自主学习。

S4（主要困难）：教师对他们完成任务的期望值跟他们实际呈现的，有时候会有差别。

（有利条件）：高一、高二小班教学，比较适合开展自主学习。

S5（主要困难）：①教师提供给学生有用的书很少。②学生自制力有限，给予了他们学习的时间和空间，但他们会有惰性。这就要求教师加强对学生学习的监控。③自主学习方式设计的合理性，能否完全按照学生的兴趣来设计。

（有利条件）：硬件设施不错，图书馆是学生开展自主学习的好场所。

S6（主要困难）： 小组学习中由于学生存在个性差异、能力差异，有些学生不愿参与，合理分组存在困难。

（有利条件）：①学校对学生活动的开展给予了充分的肯定和支持，如模拟联合国等。"在接触模拟联合国之前，我们会局限于把英语的学习当成语言知识的摘取，但是通过模拟联合国后会发现，以交际为目的的交流活动是超越语言学习本身的，需要思考的东西更多。"②小班教学（20 人左右）利于小组活动的开展。③教研组教学氛围好，每天都会分享、交流经验。

S7（主要困难）： ①主要困难就是学生不自主（大笑）。（追问：主要体现在哪些方面？）从客观方面来讲，因为他们课业压力确实比较重，尤其是我现在教理科班的学生。理科班学生的作业特别多，如果能够认真完成课内布置的作业就已经很不容易了。②学生对学习不感兴趣或缺乏动力，"主要跟学生的性格和学习的精力有很大的关系。有的学生他天生就对学习充满热情，那么他们在遇到挫折的时候，问题也不是特别大。而有的学生本身性格就比较敏感，情绪波动也会比较大。"

（有利条件）：①小班教学。"小班教学学生受到教师的关注就会变多，他们在课堂上参与活动、发言等的概率也会变多。"②周末晚上学生的阅读自习安排。"我们学校在昨天晚上的自习时间就是让学生去阅读，不包括做作业。因为作业应该是在周末的白天去完成。周天晚上给学生一个小时的阅读时间，不管是中文还是英文。我们希望通过这样可以培养学生良好的阅读习惯。"③

研究性课程学习。④教学材料丰富。"除了教材，教师还有新概念、英文报纸的使用，还会鼓励学生读一些国外的原著。"

S8（主要困难）： 困难在于调动或保持学生学习的积极性方面。

（有利条件）： ①教学内容丰富。不仅有教师自己编写的校本课程，还有课外的补充，如一些散文、短篇小说、诗歌等。②学校给教师很多的空间和自由。"主要体现在教师会给学生看一些与教材、主题相关的视频材料，或者做一些课外的拓展，或者小组活动等。"

S9（主要困难）： ①学生的动力不足。②学生学习的兴趣不浓。③英语学习成效不显著。

（有利条件）： ①图书馆每年新书的引进。②心理咨询室对学生心理健康的辅导。③提升教师能力的相关培训、比赛等的开展。④小班教学，侧重学生听说能力的培养。⑤学校给教师一定的教学自主权。⑥互联网的发展，教学资源的丰富。

S10（主要困难）： ①动力不足，教师推着学生，学生还不肯前进。②学习功利性太强。"针对考试，学生的单词、句子背会了，其他的他就不想去学了。"③学生适应新的教学方式需要一定的时间，教师不大敢"放权"。

（有利条件）： ①小班教学。②学校活动，如外语节。"人们马上就要迎来外语节了，学生会有许多机会展示他们自己。这是很好的机会，有些学生课堂上表现不是很好，他们就会参加一些书写比赛或演讲比赛，甚至唱英文歌。他们的兴致很高，学习英文的兴趣也会提高。"③为教师提供较大的教学空间。"教师把大纲里的要求做到了，如果还有课时或精力的话，就可以补充一些新的教学方式或学习材料。"

附录 5

大学英语教师部分访谈资料归纳整理

一、对自主学习内涵的理解

U1：教师给予指导，学生自主地投入学习，同时将学习的过程、效果及面临的问题及时与教师沟通。强调学生学习过程的创造性。

U2：一半在课内、一半在课外的"2+2"学习模式是促进学生自主学习的一种方式。强调学生在线上与教师的交流、互动。

U3："自主学习是说教师只是起到一个启发的作用，然后教给学生学习的方法，还有整个学习的理念，再有就是激发学生的学习动力。如果这些都做好的话，学生就会有方向。比如，有的学生想出国，有的学生想考研，而有的学生就为了拿到文凭，那么他们就会按照自己的计划，有步骤地在大一、大二、大三进行学习。"

U4："英语的自主学习则是在教师引导下，教师希望学生掌握哪些内容，就会给他们留作业，让学生在课后完成。主要是这种方式，当然也会有一些研究性的成分在里边。在大学里的自主学习应该多提倡，当然大学里的专业要分门别类，不能一刀切。自主学习就是利用现有的、已学到的一些知识，就某一问题来进行自主研究，然后去发展、总结，或者做一些文献综述。我觉得这是在有一定基础的情况下，在对本学科基础知识有一定掌握的情况下来探究或是发展学科的能力以及培养自己的能力。"

U5: "课堂上，教师要把框架性的东西以及重点难点都讲到。框架出来之后，课后需要学生做什么，教师也要指定一定的范围。因为学生，我们假定从视听方面来说，他们不知从何着手，那么教师可以告诉学生他们可以怎么做，甚至推荐一些教材，包括网络上的一些资源，并给予学生时间和框架。否则，要让学生自主学习是很难的。"

U6: "每个教师讲的内容是不一样的，有的教师会比较注重学生课堂做些什么，课后做些什么，都会给学生一些指导。包括作业怎么完成，应该去图书馆查什么资料，并给学生提供一些网站，我觉得这些都是指导。还有就是测试会测什么，题型考点分布是怎样的，这样的话学生的学习也就更有侧重点。然后每次课后的作业怎么去完成，课堂上教师也都会有所渗透，特别是一些细节性的东西。比如早上上课时，我会强调他们进行早读，早读的内容可以有多种。再比如，学生课堂上不是很会划重点，我会要求学生把重点圈出来。"

U7: "自主学习就是学生自己学习，因为是学生，所以还需要教师的指导（guidance）。他要知道怎么去学习，去完成任务，要有一个目的性。就是我们给学生一个任务，在多长时间内，他自己去完成。当然，我们会给他们一些技能指导（Skill guidance），然后他们自己去完成。"

U8: "就是在课堂学习的基础上，主动地、全方位地提高，比如字词句、篇章结构等，应通过自主学习把语言学习的层次提高上去。现在学生在考试复习的时候有很多人还在看单词，他们的学习还是处于比较低级的层次。事实上教师应该引导学生如何进行自主学习。"

U9: "我觉得教师眼中的学生的自主学习跟学生真正理解的自主学习是不一样的。就我看来,自主学习就是教师在课堂上给学生一些材料、方法、资源,课下学生结合自己的兴趣点、需求,有效地利用这些资源,学习自己感兴趣的或必须学的东西。……如果是大学,我会说这个学生能够看到我们没能看到的、不一样的东西。同样的一道题目,他能够寻求多种方法来进行解答。他们是有创造力的,虽然有时候跟我讲的东西是背道而驰的,但我也会觉得他们充分利用了业余时间在自主学习。"

U10: 教师课堂上给学生布置一些任务,检测他们的学习成果,督促他们的学习进程。学生利用所能得到的一切资源,利用他们自己的时间学习喜欢的材料,最终达到学习的目的。

二、对教学的理解

(一)教学就像在风中播撒种子,教师不能决定它将会发生什么

U1: "该观点抹杀了教师的主观能动性,过于悲观。'在风中播撒种子'强调的是顺其自然,而这是没有前瞻性和计划性的。教师不能抱着学生懂就懂、不懂就拉倒的心态,而是应该用自己的亲身经历引导学生成长。毕竟教师是过来人,在许多方面比学生有经验。"

U2: "有一定的道理。土壤本身是肥沃还是贫瘠,肯定对种子成长的好坏有影响。学生自身水平的高低也会对教学的效果产生影响。但不能说教师就无所作为。教师自身有丰富的经验,在一定程度上可以掌握学生学习的方向,可以做些努力帮助学生提高自身水平。"

U3: "这一点我部分同意。比如我把方法教给学生,那有的学生会接受我的方法,有的则会部分接受。另外,这个方法有的人会去做,有的人不会去

做，这就是教师不能决定会发生什么。但是不能绝对地说教师不能决定发生什么，因为至少有一部分是按期待发生的。教师对教学进行设计，期待某些结果，虽然事实上不那么完美，但总会发生一些东西，会有效果的。"

U4："因为我们的教学有一定的目的性，虽然不是唯一的。关于播撒种子，教师在上课的过程中是有一定限制的，不是随随便便地播撒，因此不能这么说。尤其是到了大学阶段，上课的目的性还是比较强的。教师会起一定作用，但我们还有大纲、本学科的学习规律，不可能是随随便便地播撒。"

U5："不是这样的，教学本来就是一个很严格的体系，教师肯定起着一定的作用，而且是关键性的作用，不是像撒种子一样。我觉得应该像是种菜，我有个园子，种 30 株的萝卜，我每天给它们浇水，看它们长得怎样。课堂是精心安排的，不可能像撒种子一样。"

U6："我不同意这个观点。教师的教学肯定有一个目的。总的教学目标是什么，细到每一节课都有一定的目标。不能说教师不能决定，教师在大的方向上是要决定的。"

U7："不完全对。播撒种子是教师的责任，而且要好好地播撒。但播到地里能不能真正结果，也要看这地是不是能够很好地接受这些种子。地本身的条件就在那里，这是两方面的事。我们要尽力去播种子，但有时候播在岩石上，种子就不一定能够发芽。"

U8："那就不叫播撒种子了，播撒种子的话肯定会希望它长成什么样。不能决定它将发生什么，说明这不是教师想要的。我不赞同这种说法。教师对种子的成长肯定是有期待的，他知道他播的是什么样的种子。比如我想提高学生的口语能力、听力能力，那我就会在这方面加强。"

U9："因为种子撒出去后到什么地方不知道，种子最终能不能结出果实也不知道。就是说，教学本身就有一些不可控因素，具有不可预知性，我觉得这是可以接受的。学生是有血有肉的个体，学生的主观能动性很大，不可能去控制他们。但教师传授知识应该知道知识有什么作用，知道学习材料之间的差别。教学肯定有个去粗取精的过程。"

U10: "有一定的道理。因为种子播撒下去后，在不同的地方有可能会发芽，也有可能不发芽。有的长得高，有的长得矮。教师确实不能完全决定会发生什么。但是撒的是什么种子，这个教师应该是可以决定的。（追问：种子发芽后，高矮会受哪些因素影响？）最主要的是学生是否想让这颗种子发芽、长高，如果他觉得没有用，不去照看，那也没有办法，最主要的还是学生的内因。"

（二）采取怎样的教学措施，有利于促进学生的自主学习

U1: "我会对教材进行处理，有选择性地进行讲解。此外，我也会向学生提问，让学生回答问题。这些问题一般是开放性的，没有标准答案，学生要能够有自己的见解、批判性的想法。"

U2: "一方面，采取相应的激励机制。学生在通过题库系统进行自主学习的过程中，题库中的一些内容会被抽取放入期末的考核。这些内容不是原封不动地放入期末考试中，而是会适当地转换形式。学生要想通过考试，就需要平常对这些内容有所了解。另一方面，在学习方法上进行指导。比如写作文，教给学生可用的词汇、技巧等。"

U3: "比如这个学期我让所有的学生一人翻译几页，翻译一部已经被译成世界九十多种语言，唯独没有用汉语翻译的长达 50 多万字的一本书。其实，这项工作的难度很大，因为中国人还没有人去挑战这本书。那么，我首先会跟他们说这是一件很艰难的事，但是我知人善用，我把他们看成有才气的人。他们每个人都去做了，而且做得非常好。因此我在 QQ 上（课堂外的互动平

台）把我的感动、欣赏和赞美都送给他们了，因为他们真的很辛苦。"

U4： "如果学生按照我的建议，一篇新闻听了两三遍之后就能背下来，他站起来就能复述。我不管他说的对错，通过这种方式我了解了他的学习情况。如果他能说出来，我就会给他加分，这是课堂表现的一部分，这其实也是起到了一个激励的作用。"

U7： 通过设置问题（question）和让学生写总结（summary）来促进学生进行自主学习。该教师认为现在大部分的学生学英语还是比较功利的，出于自身兴趣的不多，考试其实也是激发学生学习的一种方式。

U8： 进行游戏教学、小组学习等。

U10： "现在主要是布置任务、作业，然后检查作业，平时成绩多考一点分。因为在大学里面，学生感兴趣的东西很多，而留给英语学习的时间不多。"

（三）部分教学隐喻图的创作

U4 教师说：

"我觉得真的就像一棵树，上面有分支、分叉，就是在这个基础上能够做到自主学习的（见图 11）。上面是他的自主学习，下面是他知识的储备（课堂知识的储备和其他方面的储备）。上面就是他自主学习能够起到的一个作用。各种各样的枝丫象征着他可以朝着不同的方向发展。就是说，知识都是一样的，但每个学生在获得知识之后的发展应该是自由自在的，能够促进他未来的兴趣或兴趣基础上的发展。自主学习是能够帮助学生掌握这个兴趣点的。"

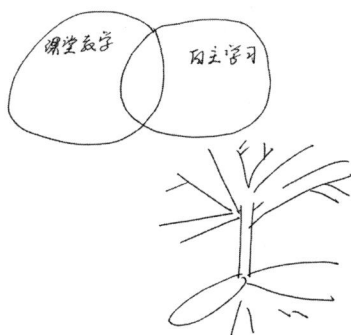

图 11　U4 教师的教学隐喻图

U6 教师说：

"英语教学就像教师带着学生驾着一艘船在海上航行（见图 12）。英语教学（船）是一个载体，也是学生成长的一个平台。通过这个载体，教师指导着学生在知识的海洋中遨游。在这个过程中，学生们既可以观山，也可以赏水，由教师带领学生们周游世界，开阔视野。"

图 12　U6 教师的教学隐喻图

U7 教师说：

"我画了一棵树，还有一个人在给它浇水（见图 13）。其实我也挺喜欢爬山的意象的。有一座山，山下有个人。学生要努力，他的能动性很重要，他们要主动去爬，这个过程是很辛苦的。当然这个过程也可以说成是旅行。"

图 13　U7 教师的教学隐喻图

U8 教师说：

"我比较喜欢旅行的说法（见图 14）。有山、有路、有人，有的人在路上，有的人跑到路外了，有的人是走，有的人是奔跑。路上有很多人，当然学生是落后了。（追问：前面的这个是教师吗？）是的，学生离教师有的近，有的远。学生可以有不同的道路，会看到不同的风景。"

图 14　U8 教师的教学隐喻图

U9 教师说：

"教是学的基础，有教才有学（如旁边叠画的三角形图片）。所以教肯定是处于最下面的，学要高于教。学来源于教，又要略高于教。不同的学生，学的东西是一样的，但由于吸收的程度不同，最终的结果也是有差异的。由我来画，我会画一位母亲在教孩子的图。有关教与学，我现在能想到的原型是父母对儿女的教导。图片中大人对小孩的教导是强制性的，使用了'不要''不应该'这样的词语。这是最传统的原型，要求他们不要怎么做，也就是对他们一些不好的习惯进行约束，如不要在课堂上说话、不要插话。当然，我认为比较好的模式是比较客套的，是一种朋友式的探讨——friend-talk，这是比较理想的。我们课堂上会问学生是否听得懂，会问'明白了吗？'（Are you clear），英国的课堂则会问'我说明白了吗？'（Am I understood），学生没听懂，他们会把责任放在自己身上，而不是认为学生没听懂是学生自己的事。"（见图 15）

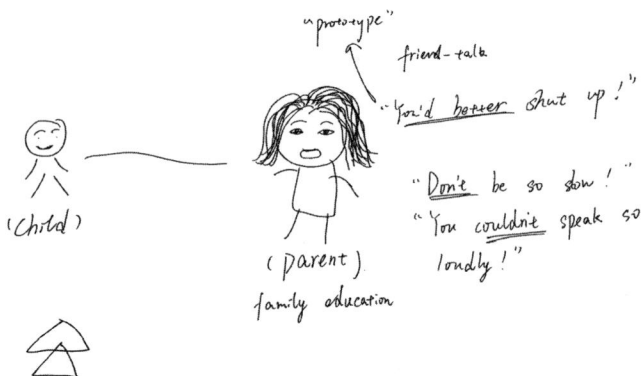

图 15　U9 教师的教学隐喻图

U10 教师说：

"我画的是爬山，教师或者在前面，或者在后面。教师在前面的话，他要作为材料的筛选者、整理者，作为教学过程的设计者（见图 16）。教师在后面的话，就是教师要作为鞭策者和评估者。学生要自己爬，教师其实也在跟着爬。学生在爬的过程中有不同的目标，有的可能觉得爬到这里就好，有的要爬到更高的位置，有的甚至还想超出教师预设的目标。有的学生爬着爬着就走另一条路了，这就属于工作入门（Job gates）之类的，我们管不到，他们有自己的想法。教师提供指导，但学生可以根据自己的目标去努力。有的 60 分及格就行，那我就给他们 60 分学习的方案。有的无所谓是否能够毕业，那我就不能管太多。不同的学生有不同的路径。"

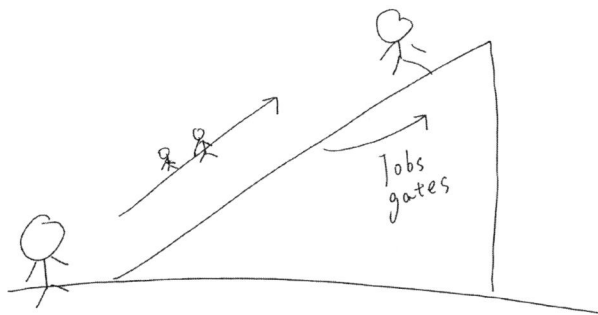

图 16　U10 教师的教学隐喻图

三、对教师角色的理解

U1:"教师起着帮助、辅助和引导学生的作用。教师、教材以及教学方法都是辅助学生学习的，教师可以鞭策、引导学生学习，却不能代替学生学习。"

U2: 教师的角色主要有："①示范者。教师要具有教学风范，与此同时，在做人、做文章等方面都要能够引领学生成长。②资源的筛选者。在学习的过程中，学生会遇到许多的学习资源。教师应能够帮助学生筛选适合他们的学习资源。③学习结果的测评者。教师的一个重要角色在于对学生的学习进行测评，让学生明白自己的学习情况。④监督者。教师应监督学生的学习，使得学生能够有序地进行学习。……教师不再是手把手地带学生，而应给予学生方向上的指导。"

U3:"首先我觉得我个人和学生的关系就是伙伴，或者合作的关系，我一直是这么认为的。我受保罗·弗莱雷的被压迫者学习理念的影响，我还是很欣赏学生的。现在的教育，在有意识或无意识中会给学生造成压迫，我会尽量降低给学生造成的这种距离感和压迫感，让我觉得我和他们是合作关系。"

U4: "教师的诸多角色中,有一部分就是教师要起到引导的作用,引导学生去做什么。另外就是要起到监控的作用,尤其是有一些学生,是要教师去检查、督查的。其实教师更多的是起指导的作用。"

U5: "首先,教师起到点拨的作用。再者,教师可以起到一个监督者的作用。教师没有监督的话,学生的自主学习就可能变成一盘散沙了。"

U6: "比如有许多四、六级模拟题等,学生自己辨别不出好坏,教师对这些可以进行一个筛选,这样可以节省学生非常多的时间。对于与本专业相关的一些优秀教材、资源,都可以推荐给学生,帮他们开阔眼界。在这个过程中,要教学生怎样自主学习,怎样查资料,并教会他们形成自己思考的能力、辨别真假的能力。"

U7: "我们也算一个引领者(leader),我们要给学生一个方向,让他们知道怎样寻找材料、怎样做好。我们把技能(skill)教给他们,但还需要他们自己去做。"

U8: "教师起的是引导、指导和陪读的角色。这里所说的'陪读'不是指一定要面对面地交流,而主要是指教师要陪着学生走完整个过程。"

U9: "传统意义上的教师角色就是知识的传授者,甚至唱独角戏,渐渐地淡化这种意识,的确会让学生的课堂活动更丰富。学生给我的反馈是学生的输入会越来越多。教师课堂上会安排学生课下做的一些作业,下次课堂再检测他们的学习情况。……现在教师要有去粗取精、去伪存真的能力,因为现在的信息确实太多了。"

U10: "教师首先是材料的整理者,因为资源非常丰富,教师要准确地知道哪些资源对学生是有用的,哪些资源是无用的。跟以前不一样了,教师要从非常多的资源中筛选有用的给学生。然后要布置作业,让学生由浅入深地进行学习。此外,教师还起着督促的作用,还有检查、评估、检测等职责。"

四、对学生的理解

U1: "学习的主体是学生，学生要有个体意识，要对自身的学习负责，他们要形成自己的世界观、价值观等。"

U2: "学生已是成年人，也需要培养独立的意识，不能像高中那样事事依赖教师。"

U3: 学生扮演着学习者和探索者的角色。"学生在我看来首先就是个学习者，他要成长，知识技能的学习是一方面，还有整个人格的成长，尤其是教会他明辨是非，追求各种各样的目标，最好是崇高的理想。他们是学习者、探索者，与此同时他们也在创造。"

U4: "学生是学习的主人，他们与教师是平等、互助、合作的关系。"

U5: "学生要配合教师，要能跟得上教师安排任务的节奏。当然在这个过程当中，他如果发现了问题可以随时反馈，甚至方向错了都可以跟教师说，让教师知道。他可能会与其他同学商量，或许其他同学也有这样的感觉。这种大范围的东西是可以调整的，如果是个别学生的反映可以再单独地交流。"

U6: 在该教师看来，有 30% 的学生是学霸型的，而 70% 的学生需要教师去推动他们学习。该教师希望学习好的学生能学得更多，而对大部分学生来说就希望他们能够按照教师的要求完成学习任务。

U7: "我认为学生应该'从实践中学习'（learning by doing），因为英语实践性是很强的，不是跟他们讲一些语法、课文、词汇就可以了，他们必须自己学习、自己去做。通过写东西、阅读、翻译，从这些中去发现问题，然后教师给他们指导，这样才会有针对性。"U7 认为，师生之间应是一种平等的关系，主张教学相长。"当然教师在许多时候是比较有经验的，比如说学习语言的经验，毕竟这么长时间了。……但在其他方面，学生跟我们有不同的背景，他们会带着他们的背景去阅读、表达，会有他们的一些角度，有时候我们可以从中吸收有用的东西。"

U8:"学生需要有一个固定的时间，不一定要很多，因为那也不现实，能够专注在这个方面。如果在学习的过程中发现了问题，要能够非常主动地和教师、同学交流。"

U9:"现在的自主学习学生有课下的自由度，但他们还要以课堂上教师的指导为基础。教师是为学生倒了半杯水，剩下的半杯水需要学生自己去填满。……至于有的学生加柠檬、有的加苹果等，这是根据学生的个性来配置的，也是他们在学习过程中自主性的一个体现。"

U10:"主要是在教师的指导下进行自主学习，然后有问题可以问教师。"

五、对学生学习的理解

隐喻句：学习就像买东西。

U1:"学生是交了学费来学知识，但并不是所有的学生都能学好。学习更多的是强调学生的主动性，说学习像买东西就有点表面化了。"

U2:"不太合适。学生是交了学费来学知识，但并不意味着就一定能学到知识。不同学生水平不一样，努力程度不一样，他们的学习结果也是不一样的。"

U3:"这个不可以。因为东西可买可不买，而学习是必需的。学生要成长，要过得有意义，要证明自己在这个世界上存在的意义，首先就是要学习。不学习，就是柏拉图洞子里的人，他可能也是存在的，但存在的意义不大。"

U4:"比如你要学马尔克斯的《百年孤独》，你想学他的文学作品，那你如果没有相关的历史知识、地理知识或各方面的相关背景，包括马尔克斯这个人的背景，就无法理解他的作品的伟大之处。任何知识都是相关的，不是说今天我需要这个，我就买这个，不是这么回事儿。"

U5："有点似是而非。我不同意这样的看法，但有一定的道理。我们现在说的教育这种产业，我需要什么，我交了钱，我就来接受教育。我觉得这样就背离了教育的本质。另外，我们买东西是买自己需要的，但现在我们的学生是买了也不需要。……在选择课程的时候，学生也会根据考评情况选择课程，比如他的口语很好，很有可能会拿高分，他就去学口语了，而实际上他最需要上的是翻译课。有些学生买了自己不需要的东西。"

U6："买东西的时候你会做一些对比，不同的品牌、价钱等，你会去选择最适合你的。学习也是这样。你看了不同的理论、不同的书，你要做一些思考，你就要去看哪个观点是你最赞同的，吸收不同的观点。"

U7："学生选教师，就像卖菜的人是没得选择的，你得提供东西给他才买，他可以决定要不要。价钱高或低，质量好不好，学生可以决定买还是不买。我觉得学校现在就是这样，学生在很大程度上可以决定要不要上这个课，要不要选这个教师。而且，学生可以对教师进行测评，他可以选或不选这个教师。"

U8：学习会让我们变得更强大、更好（学习功能）。"比如我们买衣服，就是为了让我们穿起来显得更漂亮。学习也是这样，学习可以让人们变得更强大、更 attractive（有吸引力）。"

U9："学习就像买东西，因为有一定的成本。买东西需要两个方面，有买有卖，教师就是卖东西的，学生就是买东西的。"

U10："如果是选择东西我认同，因为学习也会面临很多选择。如果学习是需要用钱来换的，那我就不认同。"

六、对开展自主学习教学利害因素的理解

U1（主要困难）："不少学生上了大学之后无所适从，不能适应大学的学

习，他们不懂得怎样学。在他们的意识里他们的学习是不能没有教师的。学生缺乏自主学习方面的方法训练，他们也不懂得如何评价自己的学习。这可能是应试教育带来的影响。此外，学校自主学习的软件、硬件不是很到位。学校自主学习的氛围不是很好，一些教材、新的东西无法引进。而且过早划分专业，在课程设置上也存在一些问题。比如文史哲原本是一家，但现在基本上是各自独立了，不利于发挥学生学习的自主性。"

U2（主要担忧，表达较为谨慎）："学生能不能更为积极主动地学习英语，是个令人担忧的问题。外在的大环境变了，如果学生学习的自主性还没有跟上，就会带来不少问题。此外，实行了自主学习，还有另外一个担忧，即教师对学生的监管问题。学生的自主学习主要是在课外进行的，教师是否能够及时有效地通过网络等途径与学生保持互动、交流，也是一个有待进一步商榷的问题。"

U3（客观困难）：①班级规模太大，教师课下工作量很大。"我要给他们改翻译，我的工作量就很大。我还是希望班级的规模小点儿。教育部规定英语的班级人数一般不超过30人。可以再分几个班，多些教师带。我们课下的工作量真的很大。"②给予学生自主学习的时间很有限。"现在学校理工科的学生一周有四十几门课，我不知道学生有多少时间是自主学习的。这不是在培养学生，而是在制造机器。别的学校也是这样，需要考试的科目太多了，但有些东西是不需要考试的。你让学生读几本书，写一篇论文，比考一门教材要好得多。"③学校管理的缺失。辅导员对学生的关心不够，有些学生天天在宿舍打游戏。"我们的学生数量是翻倍的，但我们的教师还是保持原来的数量，很多单位都缺编，都没有进人。有限的教师在带扩张的学生。"④教师的考核机制需要调整。"如果只是一味地重视科研，那么教师很难把更多的时间和精力花在学生上面。"

（有利条件）：学生学习的自主性、积极性较好。"这个学期我给学生讲了柏拉图的《理想国》，卢梭的《论人类不平等的起源》等，后来又讲了社会学的经典著作《日常生活中的自我呈现》等让他们认识自己，帮他们开阔视野。这些是有难度的，这是第一学期的尝试。第二学期我可能会增加一些协助或者降低一些难度。当然，在这个过程中，他们都能够完成任务，这一点我是非常欣慰的。""所以他们自主的时候也很自主，如有的人自主地准备六级，有的人自主地准备托福，而有的人自主准备去欧洲留学所用的第三外语。"

U4（主要困难）： ①教师的引导作用难以把握，对学生作业完成的质量难以监控。"如我们让学生一篇文章至少听五遍之后默写下来，我们很难监控他们完成的质量。"②班级规模大，指导有困难。③网络互动平台的搭建有待提高，此外教师自身使用计算机的能力也需要提高。"我们现在用到的平台网，平台网我们批改的文章，我们拿下来再看的话会发现出入会比较大。它的可信度许多教师说只有50%。"④教师的时间和精力有限，对学生的监督力度有待加强。⑤学生比较拖沓，他们缺乏自主学习的意识。有些学生学习态度怠慢。"现在有计算机互联网可以帮助监督一下，但考查真不好说。其实执行大家想得都比较好，就是学生控制这一块比较难。"

U5（主要困难）： ①学生的动力不足，积极性不够，学习的外在需求多于内在兴趣。"我们的系统允许多次提交，学生可以多次修改提交最为满意的，但我发现学生几乎都是一次性提交的。"②教师课堂时间有限，对学生学习的监督有限。"从教师来说，教师课堂上的时间是有限的。我不可能每个星期都在课堂上花半个小时来检查学生自主学习的情况。"③学校学习氛围不够浓厚，学生面对的诱惑太多。④班级规模过大，教师数量有限。

（有利条件）："这个不仅局限于学校，我觉得现在的社会技术进步就是非常有利的。我们现在有网络、有 QQ、有微信，可以通过网络建立一个群，还可以通过一些网站来搜集资料，这些都是可以做得到的。"

U6（主要困难）：①学生学习的功利性较强，学习的内容比较受限。而且，存在一部分学生学习不积极的情况，让人很头疼。"一般的话，我在第一学期会推荐一些网站、一些书，但我发现只有 1%~2% 的学生会去做。就是说，一个班能有两到三个去做就不错了。一年级许多学生考四、六级英语，所以应试比较多，学生的学习还是比较功利的。"②学校重科研，某种程度上不够重视教学，不利于教师积极开展教学。"现在全国的评聘、晋升等都把科研放在很重要的位置，而对教学没有给予足够的重视。……我觉得这样的机制是不合理的。科研这一块可以适当降低一些，而在教学方面可以有一些促进机制。我们学校有教学大赛，另外我觉得还可以有精品课程、名师等，提供更多的平台，促进教师之间的交流。"③教师的地位不高，有时不如做行政的。④班级规模过大，教师对学生的指导有限。"我一个班级有 45 名学生，一个学期快过去了，我没办法认识所有的学生。他们每个人的水平怎样，我不是很清楚，只有个别很突出的学生印象会深刻些。如果每堂课都坐在后面默默无闻的，我也不知道他究竟有没有跟上我的节奏。如果人数太多的话，教师的指导也很有限，往往是'心有余而力不足'。"

（有利条件）：①图书馆的资源非常丰富，针对不同的学科推荐可用的数据库。②学校一些外在的设施不错，如教室对学生开放，有免费 WIFI，还有小型咖啡机、24 小时热水供应等。③网络平台的开设，实现资源的共享。

U7（主要困难）：①学生学习的动力不足。"但有时候学生还是缺乏足够的刺激，没有足够的'动力'（motivation）。我们觉得这个学生应该自己去做，但是布置下去后有的学生到学期末的前一两天才做完，而不会在时间充裕的情况下慢慢去琢磨、体会。"②班级规模比较大，教师时间、精力有限，对学生的指导有限。

（有利条件）：①"2+2"模式下网络平台的搭建，如作文批改网。"我们可以布置很多很多的作文，学生写完后先在上面改一遍，教师再看最终的版本。学生可以在上面进行无数次的修改，为了刷分，会改很多次。所以到后面教师看到的基本没有什么拼写错误，不会像传统的作文有很多的拼写错误、标点符号用错等。"该教师认为该平台可以减轻教师低层次的工作量。与此同时，网络平台也促进了学生与教师之间的沟通和交流，实现了资源的共享。②分级教学有利于教师对学生进行有针对性的辅导（这种模式就需要学生能够积极、主动地去完成教师布置的任务）。

U8（主要困难）：①学生自主学习状况难以量化，难以把握。如何有效地评估学生的自主学习是个问题。②学习材料过多，学生层次不同，程度难以把握。③学生学习动力不足，学习时间不能保证。④班级规模过大，有意义的活动难以开展。⑤教材灵活性不够，前面三个级别的教学有固定的教材，教师整体上要为测评做准备。

（有利条件）：①"2+2"模式，学校和院系尽可能给学生提供自主学习的机会。②分级教学比较详细且合理，对不同级别的教师也进行了分配。③为教师提供各个层次的指导和培训。

U9（主要困难）：①教师的时间、精力有限，难以对学生的学习进行有效的监控。教师无法控制每个学生学习的情绪、状态或态度。②学生有自主意识，是否学习教师不能强求。③学校管理不善，有些楼区不适合作为教学楼使用。④班级规模过大，学生多，教室和教师数量都有限。⑤网络平台资源有限，技术水平有待提高。"在线的无非就是题库，但题库也不是特别稳定，学生有时候做完了到计分时仍是零分。学生对于在线给定的一些话题内容也不感兴趣，都是关于大学四、六级的模拟题或翻译段落等老套的题型。当然，老套的练习也是需要的，但我觉得可以更丰富一点，如电影、台词的对话对白或者诗歌等。"

（**有利条件**）：①信息技术的发展，扩大了师生的交流平台。②学校给教师教学的自主性大，不束缚教师怎么教。"好的方面在于学校给我们教师教学的自主性是很大的，它不会像其他学校要求教师集体备课，这点确实不错。学校会给我们一个大概的方向，比如我们的课程规划，但教师具体怎么讲，使用什么材料，不会进行束缚。"

U10（**主要困难**）：①学生的动力不够。"问题也有，就是学生自己的动力（motivation）不够。他们可能觉得学习英语对他们来说没什么用，如果没有这种动力，其他的就免谈了。动力是最大的问题。"②学生面临的选择有很多，花在英语学习上的时间有限。③班级规模要缩小。

（**有利条件**）：①学生的学习资源非常丰富。"学习资源非常丰富，学生选择的余地非常多。我们可以根据学生不同的专业、兴趣，给他们提供不同的材料。"②教师教学有很大的自主性。

参考文献

一、英文文献

[1] AISLING M L, FIONA A M, LISA A B. An examination of what metaphor construction reveals about the evolution of pre-service teachers' beliefs about teaching and learning [J] . Teaching and Teacher Education, 2007, 23 : 1217–1233.

[2] ALGER C L. Secondary teachers' conceptual metaphors of teaching and learning: Changes over the career span [J] . Teaching and Teacher Education, 2009, 25 : 743–751.

[3] AMES C A. Classrooms: Goals, structures and student motivation [J] . Journal of Educational Psychology, 1992, 84 (3) : 261–271.

[4] BAILEY K, NUNAN D. Voices from the Language Classroom: Qualitative Research in Second Language Education [M] . New York : Cambridge University Press, 1996.

[5] BORG M. Teacher's Beliefs [J] . ELT Journals, 2001, 55 (2) : 186–187.

[6] BREAULT R A. Finding the Blue Note : A Metaphor for the Practice of Teaching [J] . The Journal of Educational Thought, 2006, 40 (2) : 159–176.

［7］BUTLER D L, WINNE P H. Feedback and self-regulated learning: A theoretical synthesis［J］. Review of Educational Research, 1995, 64（3）: 245-281.

［8］CALDERHEAD J. Teachers: Beliefs and knowledge［M］// Berliner D, Calfee R. Handbook of Educational Psychology. New York: Simon and Schuster Macmillan, 1996 : 709-725.

［9］CAMERON L. Metaphor in educational discourse［M］. London: Continuum, 2003.

［10］CHEN D D. Classification System for Metaphors about Teaching［J］. The Journal of Physical Education, Recreation and Dance, 2003, 74（2）: 24-31.

［11］HERRON C. Foreign-Language Learning Approaches as Metaphor［J］. Modem Language Journal, 1982, 66（3）: 235-242.

［12］CARTER K. Meaning and Metaphor : case knowledge in teaching［J］. Theory into Practice, 1990, 29（2）: 109-115.

［13］EWIJK D V, WERF G V D. What Teachers Think about Self-Regulated Learning: Investigating Teacher Beliefs and Teacher Behavior of Enhancing Students' Self-Regulation［J］. Education Research International, 2012 : 1-10.

［14］CHEN D D. A Classification System for Metaphors about Teaching［J］. The Journal of Physical Education, Recreation and Dance, 2003, 74（2）: 24-31.

［15］COOK-SATHER A. Movements of mind : The Matrix, metaphors, and re-imagining education［J］. Teachers College Record, 2003, 105 : 946-977.

［16］CORNO L. The meta-cognitive control components of self-regulated learning［J］. Contemporary Educational Psychology, 1986,11（4）:333-346.

[17] CORNO L. Implicit teachings and self-regulated learning [J] . New Orleans: The Annual Meeting of the American Educational Research Association. 1994.

[18] FOX D. Personal Theories of Teaching [J] . Studies in Higher Education, 1983, 8 (2) : 151-163.

[19] FAINSILBER L, Ortony A. Metaphorical uses of language in the expression of emotion [J] . Metaphor and Symbolic Activity, 1987, 2 (4) : 239-250.

[20] FENWICK T. Adventure Guides, Outfitters, Firestarters, and Caregivers: Continuing Educators' Images of Identity [J] . Canadian Journal of University Continuing Education, 2000, 26 (1) : 53-77.

[21] GIBBS R W. The poetics of mind [M] . Cambridge: Cambridge University Press, 1994.

[22] GLUCKSBERG S, MCGLONE M, KEYSAR B. Metaphor understanding and accessing conceptual scheme : reply to Gibbs [J] . Psychological Review, 1992, 99 (3) : 578-582.

[23]DONAGHUE H. An instrument to elicit teachers' beliefs and assumptions[J]. ELT Journal, 2003, 57 (4) : 344-351.

[24] HENDERSON R W. Self-regulated learning: Implications for the design of instructional modules [J] . Contemporary Educational Psychology, 1986, 11 (4) : 405-427.

[25] HOLEC H. Autonomy and Foreign Language Learning [M] .Oxford: Pergamon Press, 1981 : 17.

[26] TAVAKOLIZADEH J, EBRAHIMI-QAVAM S. Effect of teaching of self-regulated learning strategies on attribution styles in students [J] . Electronic

Journal of Research in Educational Psychology, 2011, 9（3）: 1087-1102.

［27］DE LA FUENTE ARIAS J, JUSTCIA JUSTICIA F, CARCIA BERBEN A B. GARCIA A B. An Interactive Model of Regulated Teaching and Self-regulated Learning［J］. International Journal of Learning, 2006, 12（7）: 217-226.

［28］KAGAN D M. Implications of research on teacher belief［J］. Educational Psychologist, 1992, 27（1）: 65-90.

［29］KINDSVATTER R, WILLEN W, ISHLER M. Dynamics of Effective Teaching［M］. New York: Longman, 1988: 47.

［30］KALRAA M B, BHARATI B. Teacher Thinking about Knowledge, Learning and Learners: A Metaphor Analysis［J］. Procedia - Social and Behavioral Sciences, 2012, 55: 317-326.

［31］HRBÁČKOVÁ K,VÁVROVÁ S. Subjective Conception of Students' Self-Regulated Learning from the Perspective of a Beginner Teacher［J］. Asian Social Science , 2012, 8（10）: 228-239.

［32］KELCHTERMANS G, VANDENBERGHE R, SCHRATZ M. The development of qualitative research: efforts and experiences from continental Europe［J］. Internation Journal of Qualitative Studies in Education, 1994, 7（3）: 239-255.

［33］KRAMARSKI B, MICHALSKY T. Preparing pre-service teachers for self-regulated learning in the context of technological pedagogical content knowledge［J］. Learning and Instruction, 2010, 20: 434-447.

［34］KREMER-HAYON L, TILLEMA H H. Self-regulated learning in the context of teacher education［J］. Teaching & Teacher Education, 1999, 15(5): 507-522.

[35] LAKOFF G. The contemporary theory of metaphor [M] // Ortony A. Metaphor and thought. Cambridge: Cambridge University Press, 1993 : 4-50.

[36] LAKOFF G, JOHNSON M. Metaphors we live by [M] . Chicago and London: University of Chicago Press, 1980.

[37] LEAVY A M, MCSORLEY F A.BOTE L A. An examination of what metaphor construction reveals about the evolution of pre-service teachers' beliefs about teaching and learning [J] . Teaching and Teacher Education, 2007, 23 : 1217-1233.

[38] LIM C S. Using Metaphor Analysis to Explore Adults' Images of Mathematics [J] . Philosophy Of Mathematics Education Journal, 1999.

[39] LUNYK-CHILD OI, CROOKS D, ELLIS P J, et al. Self-directed learning : Faculty and student perceptions [J] . Journal of Nursing Education, 2001, 40 (3) : 116-123.

[40] MACCORMAC E R. A cognitive theory of metaphor [M] . Cambridge, MA : MIT Press, 1990 : 9.

[41] BHASIN M K. BHARATI B. Teacher Thinking about Knowledge, Learning and Learners: A Metaphor Analysis [J] . Social and Behavioral Sciences, 2012, 55 : 317-326.

[42] MARTINEZ M A, SAULEDA N, HUBER G L. Metaphors as blueprints of thinking about teaching and learning [J] . Teaching and Teacher Education, 2001, 17 (8) : 965-977.

[43] MICHAEL K, KATERINA M. Exploring Greek Teachers' Beliefs Using Metaphors[J]. Australian Journal of Teacher Education,2009,34(2):54-83.

[44] MOOS D C , RINGDAL A. Self-Regulated Learning in the Classroom:

A Literature Review on the Teacher's Role［J］. Education Research International, 2012 : 1-15.

［45］MOSER K S. Metaphor analysis in psychology：Method，theory，and fields of application［J］.Qualitative Social Research, 2000, 1（2）: 21.

［46］MOSTERT M P. Personal teaching: Puzzles, images, and stories for professional reform［J］. Preventing School Failure,1992,36（4）: 16-19.

［47］MUNBY H. Metaphor in the thinking of teachers：an exploratory study［J］. Journal of Curriculum Studies, 1986, 18（2）: 197-209.

［48］NESPOR J. The role of beliefs in the practice of teaching［J］. Journal of Curriculum Studies, 1987, 19（4）: 317-328.

［49］OOLBEKKINK-MARCHAND H W. Teachers' perspectives on self-regulated learning: An exploratory study in secondary and university education［M］. ICLON, 2006 : 25 // Fox D. Personal Theories of Teaching ［J］. Studies in Higher Education, 1983, 8（2）: 151-163.

［50］OOLBEKKINK-MARCHAND H W, VAN DRIEL J H, VERLOOP N. A breed apart? A comparison of secondary and university teachers' perspectives on self-regulated learning［J］. Teachers and Teaching : Theory and Practice, 2006, 12（5）: 593-614.

［51］ORTONY A. Why metaphors are necessary and not just nice［J］. Educational Theory, 1975, 25（1）: 45-53.

［52］ORTONY A, FAINSILBER L.The role of metaphors in descriptions of emotions.［M］. Theoretical issues in natural language processing, 1989 : 181-184.

［53］PAJARES M F. Teachers' Beliefs and Educational Research: Cleaning Up a Messy Construct ［J］. Review of Educational Research, 1992, 62（3）: 307-332.

［54］PARIS S G, WINOGRAD P. The role of self-regulated learning in contextual teaching: principles and practices for teacher preparation［EB/OL］. （2006-12-07）［2021-10-17］. http: //www.ciera.org/library/archive/2001- 04/0104parwin.htm.

［55］PINTRICH P R. Multiple goals, multiple pathways: the role of goal orientation in learning and achievement ［J］. Journal of Educational Psychology, 2000, 92 : 544-555.

［56］PINTRICH P R. The role of motivation in promoting and sustaining self- regulated learning ［J］. International Journal of Educational Research, 1999, 31（6）: 459-470.

［57］PINTRICH P R. Understanding Self-Regulated Learning ［J］. New Directions for teaching and learning, 1995（63）: 3-12.

［58］PINTRICH P R, DE GROOT E. Motivational and self-regulated learning components of Classroom academic performance ［J］. Journal of Educational Psychology, 1990, 82 : 33-40.

［59］PRATT D D. Five perspectives on teaching in adult and higher education ［M］.Floroda : Krieger Publishing company, 1998 : 11.

［60］MCCLOSKEY G N, KOTTKAMP R B, et al. Metaphor and meaning in the language of teachers ［J］. Teachers College Record, 1989, 90（4）: 551- 573.

［61］OXFORD R L, TOMLINSON S, BARCELOS A, et al. Clashing metaphors about classroom teachers: toward a systematic typology for the language teaching field［J］. System, 1998, 26（1）: 3-50.

［62］TORGHABEH R A , NAVARI S. Metaphor Analysis of Teachers' Beliefs and Conceptions of Language Teaching and Learning in Iranian High Schools and Language Institutes: A Qualitative Study［J］. Iranian EFL Journal, 2009, 4 : 6-40.

［63］RICHARDSON V. The role of attitude and beliefs in learning to teach ［M］//Sikula J. Handbook of research on teacher education. New York: Macmillan, 1996 : 102-119.

［64］ROBERT V. BULLOUGH J, STOKES D K. Analyzing Personal Teaching Metaphors in Pre-service Teacher Education as a Means for Encouraging Professional Development［J］. American Educational Research Journal, 1994, 31（1）: 197-224.

［65］SABAN A. Prospective teachers' metaphorical conceptualizations of learner ［J］. Teaching and Teacher Education, 2010, 26（2）: 290–305.

［66］SABAN A, KOCBERKER B N, SABAN A. Prospective teachers' conceptions of teaching and learning revealed through metaphor analysis［J］. Learning and Instruction, 2007, 17 : 123-139.

［67］SCHUNK D H. Goal setting and self-efficacy during self-regulated learning［J］. Educational Psychologist, 1990, 25 : 71-86.

［68］SHUELL T J. Teaching and learning as problem solving［J］. Theory into Practice, 1990, 29 : 102-108.

［69］STOKES D. Analysing the continued efficacy of teaching metaphors in the first year of teaching［C］.The Australian Association for Research in Education（AARE）Annual Conference, Newcastle, 1994.

［70］TAYLOR E W, DIRKX J, PRATT D D. Personal Pedagogical Systems: Core Beliefs, Foundational Knowledge, and Informal Theories of Teaching［C］// The 42nd Annual Adult Education Research Conference, 2001.

［71］TILLEMA H H, KREMER-HAYON L. "Practicing what we preach": teacher educators' dilemmas In promoting self-regulated learning: a cross case comparison［J］. Teaching and Teacher Education, 2002, 18（5）: 593-607.

［72］TOBIN K, ESPINET M. Impediments to change: An application of peer coaching in high school science［M］. Journal of Research in Science Teaching, 1989, 26（2）: 105-120.

［73］TOBIN K. Forces which shape the implemented curriculum in high school science and mathematics［J］. Journal of Teaching and Teacher Education, 1987, 3（4）: 287-298.

［74］WAN W, LOW G D, LI M. From students' and teachers' perspectives: Metaphor analysis of beliefs about EFL teachers' roles［J］. System, 2011, 39: 403-415.

［75］WILLIAMS M, BURDEN R L. Psychology for language teachers: A social constructivist approach［M］. Cambridge: Cambridge University Press, 1997.

［76］YEN N L, BAKAR K A, ROSLAN S, et al. Self-regulated learning and its relationship with student-teacher interaction［J］. Pakistan Journal of Psychological Research, 2005, 20: 41-63.

［77］YOB I M. Thinking constructively with metaphors［J］. Studies in Philosophy and Education, 2003, 22: 127-138.

［78］ZIMMERMAN B J. Development of self-regulated learning: Which are the key sub-processes? ［J］. Contemporary Educational Psychology, 1986,16: 307-313.

［79］ZIMMERMAN B J. Self-efficacy: an essential motive to learn ［J］. Contemporary Educational Psychology, 2000, 25: 82-91.

［80］ZIMMERMAN B J. Self-Regulated Learning and Academic Achievement: An overview Educational psychologist ［J］ Educational Psychologist, 1990, 25（1）: 3-17.

［81］ZIMMERMAN B J, SCHUNK D H. Self-regulated learning and academic achievement : Theory, research, and practice ［M］. New York: Springer-Verlag, 1989.

二、中文文献

［1］SABAN A，高维 . 隐喻在教学和教师教育中的功能 ［J］. 上海教育科研, 2010（10）: 16-20.

［2］陈春梅 . 国外隐喻视角下教师信念的研究述评 ［J］. 重庆高教研究, 2014，2（3）: 61-67.

［3］陈桂生 . 师道实话 ［M］. 上海: 华东师范大学出版社，2004: 10.

［4］陈卓 . 传统教师隐喻及教师角色的转变: 基于教育生态学的视角 ［J］. 现代教育科学，2017，6（6）: 55-58.

［5］陈向明 . 教师的作用是什么: 对教师隐喻的分析 ［J］. 教育研究与实验, 2001（1）: 13-19.

［6］曹骏驰 . 基于隐喻的师范生教师身份认同 ［D］. 沈阳: 沈阳师范大学, 2015: 6.

［7］常海潮.英语学习者视角下的教师角色：基于隐喻分析的实证研究［J］.
英语教师，2011（7）：20-26.

［8］程一.教师隐喻视角下汉中市中学英语教师信念研究［D］.汉中：陕西
理工大学，2017.

［9］大学英语课程教学要求［EB/OL］.（2007-09-26）［2021-10-17］.http：
//www.chinanews.com/edu/kong/news/2007/09-26/1036803.shtml.

［10］丁炜.从对教师的隐喻性陈述看教师形象之变迁［J］.教育评论，2001
（3）：4-6.

［11］杜中全，云天英，王晓来.论网络环境下的大学英语自主学习［J］.中
国电化教育，2012（6）：112-114.

［12］高维.论教学隐喻［D］.南京：南京师范大学，2013：105.

［13］高维.生物学隐喻与教学理论的发展［J］.外国教育研究,2012,39（1）：
122-128.

［14］高维.隐喻的认知功能及其教育学意蕴［J］.教育学报，2015，11（1）：
21-27.

［15］高维，李如密.教师教学隐喻图画的比较研究［J］.上海教育科研，
2011（7）：4-9.

［16］高维，郝林玉.教育隐喻与理论创新：叶澜先生教育思想中的隐喻研究
［J］.基础教育，2009（1）：5-62.

［17］顾世民.大学英语自主学习理论与实践研究的得与失［J］.黑龙江高教
研究，2018（5）：42-46.

［18］韩凌.对大学教师自主学习认识现状的调查分析和对策思考［J］.读与
写杂志，2008，5（7）：103-104.

［19］何宏勇.建国以来教师隐喻的历史考察（1949—2013）［D］.上海：华

东师范大学，2014.

［20］黄敏，BOND F. 大学英语自主学习：教师信念与教师行为的视角［J］. 外语教学理论与实践，2018（2）：57-64.

［21］教育部关于印发《教育部 2014 年工作要点》的通知［EB/OL］.（2014-01-23）［2021-10-17］. http：//www.moe.gov.cn/publicfiles/business/htmlfiles/moe/s7049/201402/xxgk_163889.html.

［22］考查关键能力 引导全面发展：教育部考试中心命题专家评析 2021 年高考英语试题［EB/OL］.（2021-6-9）［2021-10-17］. http：//www.moe.gov.cn/jyb_xwfb/s5147/202106/t20210609_536837.html.

［23］李福印. 研究隐喻的主要学科［J］. 四川外语学院学报，2000（4）：44-49.

［24］李晶，吕立杰. 隐喻：教师学习经验的认知表征［J］. 课程·教材·教法，2018（5）：133-137.

［25］李森，韩秋莹. 西方"隐喻分析"与"教师角色"研究［J］. 教育评论，2009（6）：166-168.

［26］李如密，王恩军. 自主学习的内涵、流程及其教学策略［J］. 天津市教科院学报，2007（5）：58-61.

［27］刘毛毛，宋改敏. 职业院校教师隐喻性实践性知识运用的研究［J］. 职教论坛，2019（11）：82-87.

［28］刘俊娉. 从教师隐喻的变化看教师角色转变［J］. 基础教育，2008（4）：34-36.

［29］刘熠. 隐喻中的大学公共英语教师职业认同［J］. 外语与外语教学，2010（3）：35-39.

［30］潘敏芳. 大学英语自主学习环境下教师角色定位研究［J］. 英语教师，

2012（4）：51-54.

［31］庞维国.自主学习：学与教的原理和策略［M］.上海：华东师范大学出版社，2003.

［32］彭小飞.大学英语"六步法"教学培养学生自主学习能力［J］.教育学术月刊，2020（12）：103-108.

［33］普通高中英语课程标准［EB/OL］.（2021-6-9）［2021-10-17］.http：//www.cjedu.cn/newsInfo.aspx?pkId=51879.

［34］祁玉萍.高中英语教学中学生自主学习能力培养策略［J］.中学生英语（高中版），2011，（31）：32-35.

［35］钱明智.自主学习模式下大学英语课堂教学的构建［J］.教育探索，2008（6）：53-54.

［36］乔澜.教师隐喻视角下的高中英语教师信念调查研究［D］.呼和浩特：内蒙古师范大学，2019.

［37］席晶晶.论教育隐喻［D］.郑州：河南大学，2009.

［38］肖川.教育的隐喻［J］.人民教育，2004（12）：11.

［39］徐琳.基于教师隐喻视角的教师形象重构［D］.长春：东北师范大学，2011.

［40］石中英.缄默知识与师范教育［J］.高等师范教育研究，2001（3）：36-40.

［41］宋莹.对高中生英语自主学习的指导与管理［J］.教学与管理，2016（25）：39-41.

［42］宋晔.隐喻语言：一个被忽视的教育范畴［J］.清华大学教育研究，2003（5）：25-29.

［43］王晓欢.教师视角下的中学生英语自主学习责任［J］.考试周刊，2011

（34）：139.

［44］王利芬.大学英语教师的学习者自主观念的实证研究［D］.武汉：华中科技大学，2004.

［45］王勤梅，黄永平.高中生英语自主学习能力现状调查研究［J］.现代教育科学，2011（6）：129-131.

［46］汪小亚，赵洋.大学英语自主学习现状的调查与分析［J］.浙江树人大学学报，2006，6（4）：64-67.

［47］吴薇，陈春梅.我国高校与高中英语教师自主学习观比较探析［J］.集美大学学报，2014，15（1）：1-5.

［48］吴薇.中荷研究型大学教师信念比较研究［M］.广州：广东高等教育出版社，2012.

［49］陈静，吴薇.教学型大学教师信念影响因素研究：基于集美大学教师的访谈分析［J］.集美大学学报（教育科学版），2016，17（5）：6-12.

［50］现代汉语辞海［M］.北京：中国书籍出版社，2003：1214.

［51］于善萌.教学隐喻视角下小学教师教学信念研究［D］.天津：天津师范大学，2019.

［52］张庆云.大学英语教师自主学习观念调查［D］.济南：山东大学，2006.

［53］郑洪波.非英语专业学习者学习信念研究：隐喻分析法［D］.上海：上海外国语大学，2007.

后　记

　　在终身学习和素质教育理念下，学生自主学习能力的培养备受关注。高中和大学是学生增长见识、提高社会适应力的关键时期，对学生的成长、成才具有重要意义。在我国，许多学生在高中阶段的时间被家长和学校安排得很满，学习紧张而充实。到了大学，不少学生离开了家长和学校教师的监督，他们在学习的时间和空间上获得了更大的自由。然而，不少大学生出现了无所适从、难以适应大学学习生活的现象。

　　英语作为一门语言交流工具，在高中和大学的学习中占据着重要地位。在高中阶段，英语是高考中的重要考查学科。学生为了在高考中获得优良的成绩，迈进理想的大学，他们就需要学好英语。大学生学习英语的目标更为多元，对多数大学生而言，学习英语主要是为了通过大学英语四、六级考试，从而拿到入职的"敲门砖"——学士学位；而有的则为深造学习或从事英语相关工作做准备。相比于高中生，大学生自由支配的时间更多。学生是否具备英语自主学习的能力对他们从高中到大学英语学习的衔接，甚至今后的发展产生深远的影响。

　　本书的出版首先要感谢厦门大学教育研究院吴薇教授给予的大力支持；感谢两阶段调研院校教师在百忙之中抽出宝贵的时间分享他们对教育教学的认识。有的教师非常热心，分享了他们在英语教学中的一些趣事。访谈有时会持续一个多小时，从访谈中可以深切地感受到教师对于英语教学的热爱。感谢武汉大学出版社的领导和老师提供的平台。感谢集美大学和集美大学师范学院给予的大力支持。书中的一些观点可能还不够成熟，敬请见谅、指正。

最后，要特别感谢我的家人给予的无私支持。

陈春梅于集美大学吕振万楼

2021 年 12 月 7 日